KB060831

나이 듦과 함께하는 의료인문학

iMH 경희대학교 인문학연구원
HK+통합의료인문학연구단
통합의료인문학 교양총서08

나이 듦과 함께하는 의료인문학

김현수 이동규 조민하 최지희 지음

모시는사람들

'노화'는 사회적인 의미가 있습니다. 지속적으로 청년층이 줄어들고 노년층이 늘어나는 현실을 사회에서 심각하게 받아들인다는 것이 그 증거입니다. 세계 많은 나라에서 출산율이 줄어들고 고령층의 비율이 늘어나고 있습니다. 한국은 OECD 국가 중 가장 낮은 출산율을 기록하고 있습니다. 한 세대가 다 가기도 전에 노년층의 인구 비율이 지금까지 역사상 가장 높은 비율을 차지하지 않을까 하는 우려도 됩니다. 많은 사람들은 어떻게 하면 출산율을 높일 수 있을지 고민하고 있습니다. 동시에 노년층의 증가로 인해 앞으로 어떤 문제가 발생할지, 어떻게 대처할 수 있을지 의문과 걱정도 늘고 있습니다. 누구나 건강하고 편안한 노년을 꿈꾸지만 나이 듦에 함께 따라오는 질병과 돌봄, 소외와 외로움, 불평등의 문제를 어떻게 대면하고 지혜롭게 해결할 수 있을까요?

경희대학교 인문학연구원 HK+통합의료인문학연구단은 인문학을 중심에 두고 의료, 질병, 건강의 문제를 고민합니다. 특히 인간이면 누구나 경험하게 되는 '출생, 노화, 질병, 죽음(생로병사)'을 테마로 삼고 학제 간 연구를 수행하고 있습니다. 이번 교양총서는 의료인문학의 시각에서 '노화와 나이듦'에 대해 이야기하며 다양한 질문을 던지고 독자와 함께 답을 구하고자 했습니다.

최지희의 글에서는 20세기 초 근대 중국사회에서 나타난 노인의 건강과 장수 담론을 살펴보았습니다. 우리가 지금 사용하는 '건강'이라는 단어는 사실 근대 이후 동아시아 사회에 새롭게 등장한 단어입니다. 건강과 장수를 도모한다는 '양생'이라는 개념이 있었지만, 근대 서양 의학이 중국 사회에 소개되고 국가가 국민의 위생과 건강을 관리할 필요성이 높아지면서 '건강'이라는 단어의 쓰임이 점차 늘어나게 되었습니다. 건강한 국민을 만들고 인구를 늘리는 것은 근대 국가의 중요한 목표였습니다. 건강한 국민은 건강한 2세를 생산할 것이고, 부국강병으로 이어진다는 우생학적 사고방식이 각광을 받던 시기였기 때문입니다. 노인의 건강과 장수도 같은 맥락에서 중요한 문제가 되었습니다. 장수하는 건강한 노인은 곧 문명사회의 상징으로 묘사되었습니다. 당시 중국에 소개된 각종 의학과 과학 지식에 근거하여 꾸준히 운동하고 위생 수칙을 지키며 과학적으로 영양을 보충하면 무병장수는 어렵지 않은 것처럼 보였습니다. 청년과 같은 건장한 몸을 가진 노인, 노인 건강대회에서 우승한 노인들이 신문에 등장하며 이상적인 건강한 노인의 몸이 등장하기도 했습니다. 그러나 노년의 몸은 대체로 질병과 노환에 시달리게 마련입니다. 각종 '장수약'이 유행하였던 사실은 이러한 이상과 무병장수에 가까워지고자 하는 사람들의 변하지 않는 욕망을 보여줍니다. 그리고 이러한 모습은 현재의 우리와 닮은 것 같습니다.

이동규의 글에서는 19세기와 20세기 유럽과 미국에서 발전했던 영양학이 식습관과 식생활에 대한 논의로 발전하였고, 이러한 지식이 노년층의 건강 연구와 연결되는 과정을 관찰하였습니다. 음식을 먹는 행위는 인간의 생존과 직결된 문제이고 공동체의 문화를 구성하는 요소이기도 합니다. 19세기 이후에는 음식물의 구성분이 과학에 의해 분석되면서 영양학적인 관점에서 칼로리 숫자로 변환되어 평가되기도 하고, 비타민과 같은 특정 영양소가 건강을 유지하는 데 중요하다는 발견이 이루어지기도 했습니다. 이러한 과학적 발견을 통해 음식을 먹는 행위는 공복을 해소하는 것을 넘어 필요한 영양을 섭취한다는 의미가 되었습니다. 나아가 음식의 섭취와 영양은 질병 예방, 공중 보건의 차원에서 논의되기 시작했고, 인류의 식생활은 철학, 인류학, 역사학, 심리학, 사회학 등 다양한 학문에서 논의되는 주제가 되었습니다. 1960년대 이후 미국에서 영양과 식생활이 노년층의 건강에 차지하는 중요성에 눈을 뜬 것처럼, 우리도 노년층과 건강의 문제를 가장 기본적인 '먹을 것'의 차원에서 고민할 필요가 있습니다.

김현수의 글은 노년층이 흔히 경험하게 되는 와상(臥牀, Bed-ridden) 질환의 현실적인 문제를 다루고 있습니다. 저자는 부모님의 와상으로 인한 욕창을 돌보고 치료했던 경험과 과정을 보호자의 입장에서 상세히 설명하였습니다. 와상이란 환자가 다양한 질병이나 심리적 요인으로 침상에 눕게 되고 움직일 수 없는 상태가 되는 것을 말합니다. 와상 상태의 노인은 근육의 위축과 약화, 골절, 욕창, 실금, 치매 증상에 취약한 상태가 됩니다. 그중 신체 조절 능력 저하의 결과로 장기간 같은 자세로 누워 있거나 운동성이 낮아져 욕창이 쉽게 발생하는 경우가 많습니다. 욕창은 육체의 고통을 동반하여 환자의 삶의 질을 크게 떨어트리고 패혈증과 사망을 불러올 수도 있습니다. 저자의 간호 기록을 통해 알 수 있듯 욕창은 증상을 완화하고 고통을 줄이기 위한 다양한 기기가 동원되어야 하고, 보호자나 간호자의 세심한 관리와 돌봄이 필요한 질환입니다. 머지않아 한국은 초고령 사회에 진입하고 1인 가구의 수도 늘어나고 있습니다. 아마 머지않은 미래에는 욕창이 노년의 삶을 위협하는 가장 위험한 질환이 될 수도 있을 것 같습니다. 타인의 간호와 돌봄이 필요한 질환에 대해 관심을 가지고 이해하는 노력이 필요합니다.

조민하의 글은 노인인구로 편입된 베이비 붐 세대의 특징을 고찰하고 이들과 사회의 소통을 고민하였습니다. 앞으로 노년층은 한국 사회의 25% 이상을 차지하는 인구 집단이 될 것이며, 이들의 특성을 연구하여 원활한 사회적 소통을 도모하는 일은 매우 중요합니다. 특히 앞으로 노년층의 다수를 이루게 되는 베이비 붐 세대는 기존의 노인 세대와 다른 특성이 두드러집니다. 이들은 한국의 정치·경제 발전을 이끌었지만 부모와 자녀를 동시에 경제적으로 부양해야 하는 첫 번째 '끼인 세대'입니다. 동시에 높아진 소득과 교육 수준을 통해 사회경제적으로 주도적인 삶을 지향하며, 문화적으로 주체성을 지닌 세대이기도 합니다. 그러나 노인 세대에 대한 편견과 고정관념에 상처를 받고 차별과 사회적 혐오를 경험하며 세대 간, 부부 간의 소통의 어려움을 겪기도 합니다. 건강한 노년은 육체적 건강, 경제적인 풍요로움만을 의미하지는 않습니다. 베이비 붐 세대의 사회 문화적 어려움을 이해하고 세대 간 소통을 도모하는 것은 노년층을 위하는 일일 뿐만 아니라 건강한 사회를 만드는 데 큰 도움이 될 것입니다.

이상의 글은 다양한 분야를 아우르며 우리 사회의 노화, 노년, 나이 듦의 문제를 돌아보게 됩니다. 건강한 몸으로 행복한 노년을 누리고자 하는 바람은 어떤 조건에서 가능할까요. 이러한 조건을 마련하기 위해 한국 사회는 그리고 우리는 앞으로 어떤 준비를 해야 할까요? 그리고 의료는 어떤 역할을 담당하게 될까요? 『나이 듦과 함께하는 의료인문학』을 통해 독자들이 다양한 질문과 담론을 만들어 갈 수 있기를 희망합니다.

2024년 1월
필진을 대표하여 최지희 씀

차례

나이 듦과 함께하는 의료인문학

01

무병장수를 꿈꾸는 인간
― 근대의 '건강론'과 노인의 '장수'

최 지 희

경희대학교 인문학연구원 HK+통합의료인문학연구단
HK연구교수

우리는 누구나 건강한 삶을 꿈꾼다. '건강'의 사전적 의미는 '육체적, 정신적으로 아무 탈이 없고 튼튼한 상태'이다. WHO 는 건강의 의미를 더욱 포괄적으로 정의했는데, 건강이란 '단순히 질병이나 허약함이 없는 것이 아니라 완전한 신체적·정신적·사회적 안녕의 상태'를 말한다고 했다. 물론 각자가 생각하는 건강의 의미는 사전적인 의미를 넘어서 더욱 넓은 뜻일 수도 있지만, 대개는 육체와 정신의 안녕을 뜻할 것이다. 또한 최근에는 전 세계적으로 고령화가 가속화됨에 따라 건강을 유지하며 노화를 준비하는 '건강노화'라는 주제가 부상했다. 지금도 건강을 유지하면서 노화를 늦추기 위한 각종 의료적 처치와 의약품들이 유행하고 있다.

건강에 대한 관심의 역사는 굉장히 오래되었다. 현재 사용하고 있는 '건강'이라는 단어가 등장하기 이전에도 동아시아 전통 의학에서는 '양생'이라는 단어를 통해 건강과 장수에 많은 관심을 보였다. 양생의 사전적 의미는 '몸을 튼튼하게 하고 병이 생기지 않게 해서 오래 살기 위해 음식·운동·정서·생활 등의 준칙을 규칙적으로 하는 방법'이다. 그런데 서양의 근대 의학이 소개되고 국가 주도의 보건·위생 제도가 정착되면서 '건강'이라는 단어의 사용이 늘어나게 되었고, 사람들은 기존의 '양생'과 비슷하면서 새로운 의미의 '건강'에 관심을 기울이게 되었다. 특히 동아시아의 나라들은 제국주의 국가들의 영향력 아래 반식민지, 식민지 상태에 놓이게 되면서 '강한 몸'과 '강한 민족', '위생', '건강' 등에 관심을 갖게 되었다. 19세기 이후 중국인들은 스스로를 '동아시아의 병든 환자'라는 뜻의 '동아병부(東亞病夫)'라고 풍자하였고, 동시에 중국인을 '강한 민족·강한 종족[强種]'으로 개량해야 한다는 자각을 하게 되었다. 당시 사람들은 '강종'의 육성을 시대의 사명처럼 여겼다.

강종과 강한 신체를 갖춰야 하는 대상은 주로 2세를 생산할 수 있는 능력을 갖춘 젊고 건강한 학생이나 청년, 아이를 낳아야 하는 여성들에게 초점이 맞추어졌고, 건강을 상징하는 몸도 대개는 젊은 청년들이었다. 그런데 동시에 이미 '강종의 생산'과는 거리가 있는 노인의 건강과 장수라는 주제도 상당한 주목을 받고 있었다. 서양 노인들의 장수법이나 서양 의사가 소개하는 건강법이 신문과 잡지에 소개되고, 노인들의 건강대회가 개최되기도 했다. 각종 서양 약이 홍수처럼 등장하던 이 시기에 '장수', '장생'이라는 이름이 붙은 약이 불티나게 팔렸다. 그렇다면 이 시기 자주 등장하던 '건강'과 '장수' 담론은 기존의 '양생'과 어떤 점이 달랐을까? 이 시기 사람들이 관심을 가진 '장수'의 가치는 전통 사회의 '장수'라는 미덕과 같다고 할 수 있을까? 전통 사회의 미덕인 '장수'에 어떤 새로운 가치가 부여되었을까? 이 글에서는 20세기 초 중국 사회에서 노인의 건강과 장수가 관심을 받게 된 이유를 알아보고 그 의미를 생각해보려고 한다.

'양생'과 '장수'

동아시아 사회에서는 양생(養生)을 장수와 연결하여 생각하는 전통이 있다. 예를 들어 동양의학의 고전인 『황제내경(黃帝內經)』에서는 '천수를 누리는 것'을 다음처럼 설명한다.

옛사람들은 양생의 도를 알았기에 음양 변화의 법칙에 따라 이에 응하는 법[術數]에 맞게 행동하고, 먹고 마시는 절도가 있고 행동거지에도 상도(常道)가 있고, 힘쓰는 일을 제멋대로 하지 않았습니다. 그래서 신체가 정신과 함께하여 제 수명을 다할 수 있었으니 백 세 너머까지 살다가 세상을 떠났습니다. (『黃帝內經 素問·上古天眞論』)

여기에서 술수(術數)란 자연스러운 천수를 다하는 것을 의미하고, 의학의 궁극적인 목적도 질병의 치료를 넘어서 주어진 수명을 다 살 수 있도록 생명을 보호하는 데 있었다. 이것을 실현하기 위한 방법이자 후천적인 노력이 '양생'이었다. 중국에서 도교가 가장 융성했던 남북조 시기, 남조 양나라 출신의 대표적인 도교 학자인 도홍경(陶弘景, 456-536)은 『양성연명록(養性延命錄)』을 통해 도교의 '양생'을 종합적으로 설명하였다. 이 서적에서는 양생의 각종 금기, 섭생, 도인(導引) 등 각종 방법을 소개했는데, 인간의 수명이 후천적인 노력에 의해 결정된다는 사고방식을 보여준다. 이 저서에서 도홍경은 천수를 지키고 장수하는 것은 인간 스스로의 행동에 달렸다고 이야기한다. 도홍경은 인간의 장수와 양생에 대해 다음과 같은 생각을 갖고 있었다.

"세상에는 어리석은 자도 있고 지혜로운 자도 있으며 강한 자도 있고 약한 자도 있으며 장수하는 자도 있고 요절하는 자도 있습니다. 이는 하늘이 그렇게 한 것인가? 아니면 인간이 그렇게 한 것인가?" … "무릇 몸이 생겨나면 어리석고 지혜로움이 있으니 이는 하늘이 그렇게 한 것이고 강하거나 약한 것, 장수하는 것과 요절하는 것은 사람의 것이다. 천도는 저절로 그러한 것이고 인도는 스스로가 만드는 것이다. (『養性延命錄』卷上, 「教誡篇第一」)

『도가경』에서 말하길, 사람이 태어나면서부터 그 수명에 장단이 있다는 것은 '저절로 그러한 것[自然]'이 아니다. 모두 몸을 삼가지 못한 데서 유래한 것이다. 음식을 과도하게 섭취하거나 부족하게 섭취하고 음탕함이 과도하며, 음양을 거스르고 혼신을 지키지 못하며, 정기를 고갈시켜 명을 쇠약하게 하니 온갖 질병이 생겨나 그 수명을 다하지 못하는 것이다.(『養性延命錄』卷上, 「教誡篇第一」)

양생의 가장 핵심은 첫째는 정신을 아끼는 것이고, 둘째는 기를 사랑하는 것이며, 셋째는 신체를 잘 보존하는 것이다. 넷째는 도인술, 다섯째는 언어, 여섯째는 음식, 일곱째는 방중술, 여덟째는 세속과 반대되는 것이며, 아홉째는 의약, 열째는 금기를

양생도인술 팔단금(高濂, 『遵生八箋3延年卻病箋·八段錦坐功圖』)

잘 지키는 것이다. (『養性延命錄』卷上, 「教誡篇第一」)

즉, 장수하는 사람의 미덕은 단순히 '오래 산다'는 것에 있지 않고 욕망의 절제, 음양의 조화, 정기의 보호, 마음의 수양 등 다양한 요소를 갖추는 데 있었다. '양생'이라는 개념도 무병과 장수와 관련이 있으나 더 나아가 개인의 절제와 수양으로 발전하였다. 중국 송나라, 명나라의 사대부나 조선의 사대부들도 양생을 중요시했는데 이는 오래 살기 위한 욕망에서 비롯되었다기보다는 부모로부터 물려받은 신체를 건강하게 유지하여 효를 실천하고 심신과 인격의 다스림이라는 가치를 추구했기 때문이다. 즉, '장수'는 오래 살기 위한 목적 그 자체라기보다 몸과 마음을 잘 다스린 자가 이를 수 있는 훌륭한 경지와도 같은 것이었다. 양생법에는 여러 가지 수련법이 있는데 그중 몸을 다스리는 방법을 '도인술(導引術)'이라고 한다. 도인술에는 경혈 마찰, 호흡 조절, 섭식, 기공(氣功) 등의 다양한 방법이 있으며, 관절을 굽히고 펴는 동작을 통해 기혈을 원활하게 하는 단련법도 있다. 이런 체조와 같은 동작의 도인술에는 동물의 움직임을 모방하여 신체를 단련하는 오금희(五禽戲)나 여덟 가지 동작으로 이루어진 팔단금(八段錦)이 잘 알려져 있는

데, 무병장수를 바라는 사람에서부터 심신수양을 추구하는 사대부까지 도인술을 통해 일상생활에서 몸을 단련하고 건강을 지켰다.

'건강'과 '위생'의 등장

'Health'를 의미하는 '건강(健康)'이란 단어는 언제부터 사용되었을까? 19세기와 20세기 동아시아 사회에서는 서양의 언어, 학문과 제도를 배우고 연구하기 시작하였다. 새로운 지식을 각 사회에 전달하기 위해서는 '번역'이 필수적인 작업이었고, 이 과정에서 이전에는 없던 새로운 개념을 한자어로 번역하거나 차용(借用)하여 각 사회에 소개하게 되었다. 중국과 일본에서 만들어진 새로운 단어들은 동아시아 사회에 통용되고 영향을 주고받았는데 '건강'이라는 신조어의 경우 일본에서 먼저 번역되어 동아시아 사회에 전파되었다.

일본은 에도 막부 이후 쇄국정책을 고수하고 있었지만 17세기 무렵부터 나가사키(長崎)의 데지마(北島)라는 인공섬에 네덜란드 상인이 거주하며 교역을 하도록 허락했다. 네덜란드 상인들은 데지마라는 한정된 공간에서만 생활하게 되었지만, 이곳은 곧 서양의 문물이 일본에 소개되는 중요한 창구가 되었다. 이때 네덜란드의 영향을 받아 서양의 학문에 관심을 갖는 사람들이 등장하기 시작했고 서양의 학문을 연구하는 자들을 난학자(蘭學者)라고 하였다. 난학자들은 서양의 학문 중 의학에 많은 관심을 기울였는데 막부 말기의 난학자 오가타 고안(緒方洪庵, 1810-1863)도 그 중 한 사람이었다. 그는 나카사키에서 네덜란드 의사에게 직접 서양 의학을 배웠고 오사카에 학교[適適齋塾:데키주쿠]를 열어 수많은 학생에게 난학과 서양의학을 가르쳤으며 일본 내 우두종두법을 보급하는데 중요한 역할을 하기도 했다. 또한 서양의학서를 번역하고 의학 서적을 출간하며 서양의 의학지식을 전파했다. 이때 1849년에 출간한 병리학 서적 『병학통론(病學通論)』에서 네덜란드어 Gezondheid를 '건강(健康)'이라고 번역하게 되었다. 그는 '건강'을 "사람 몸의 기능이 결여되지 않고, 혈액순환에 정체가 없고, 운영이 정상적인 것"이라고 설명하였다. 이후 '건강'이라는 단어는 난학자들 사이에 알려졌고 막부 말기와 메이지유신 이후 영일(英日)사전에 등장하면서 1870년대 이후에 점차 'Health'의 번역어로 자리를 잡게 되었다.

'Health'의 번역어로 등장한 또 다른 단어로 '위생(衛生)'을 들

수 있다. '위생'이라는 단어는 일본 메이지 정부의 초대 위생국 장을 지낸 나가요 센사이(長與專齋, 1838-1902)가 처음 사용하였다고 알려져 있다. 그의 자서전 『송향사지(松香私志)』에 의하면, 나가요 센사이는 서양 문명을 배우기 위해 일본 정부가 파견한 이와쿠라 사절단(岩倉使節團)의 일원으로 1870년대 초 미국과 유럽 등지를 시찰하였는데, 이때 'Gesundheitpflege(건강 보호, 보건)', Sanitäts-Wesen(위생 제도) 혹은 'öffentliche-Hygiene(공중 위생)'이라는 독일어를 접하게 되었다. 이는 '국가가 개인의 건강에 개입하여 국민의 건강을 보호한다'는 뜻이었다. 즉, 미국과 유럽의 여러 나라는 국가가 국민의 건강을 보호하는 특수한 행정조직을 갖추어 국민의 건강을 위협하는 전염병을 예방하고 시가지의 청결, 상하수도의 설비, 분뇨의 처리, 약품과 식품의 단속 등을 시행하고 있었던 것이다. 이는 일본은 물론 동아시아 어느 나라도 경험해보지 않은 새로운 개념이었다. 나가요 센사이는 이러한 개념과 제도가 서구 문명 발전에 중요한 영향을 미쳤음을 깨닫게 되었고 일본에 하루 빨리 소개하고 적용해야 한다고 느꼈다.

그러나 동아시아 사회에는 이러한 서구사회의 개념과 제도를 표현할 수 있는 알맞은 단어가 없었다. 나가요 센사이는 적절한 단어를 고민하다가 『장자(莊子)』, 「경상초(庚桑楚)」에 나오는 위생(衛生)이라는 말을 떠올리게 되었다. 『장자』에서 '위생'은 '자연에 순응하며 생명을 지킨다'는 의미였지만 나가요 센사이는 이를 'Gesundheitpflege(건강 보호, 보건)', Sanitäts-Wesen(위생 제도), 혹은 'öffentliche-Hygiene(공중 위생)'의 번역어로 채택한 것이다. 이후 '위생'은 일본은 물론 동아시아 사회에 소개되며 근대국가가 의학에 기반을 두고 여러 학문을 활용하여 국민의 건강 보호를 증진하기 위해 적극적으로 개입하는 것을 의미하게 되었다.

나가요 센사이가 소개한 위생에는 'Health'의 의미가 포함되지만 기존의 '양생'이나 '건강'의 개념과는 큰 차이가 있었다. 전통적인 양생(養生)의 개념, 그리고 일본에서 번역된 '건강'은 개인의 장수와 건강을 의미하며 여기에는 단체나 국민이라는 개념이 포함되지 않았다. 그러나 나가요 센사이가 이야기한 '위생'은 사회의 공적인 건강, 국민의 건강을 꾀하기 위한 단어였다. 일본은 1875년부터 위생국(衛生局)이라는 기관을 설치하여 근대식 위생행정을 시행하기 시작하였다. 중국에도 이러한 '위생'의 개념이 전파되었고 청나라 말기 개혁인 신축신정(辛丑新政) 시기에는 정부 조직을 개편하면서 일본의 위생제도를 본

받아 보건, 방역, 의료 등의 업무를 담당하는 위생사(衛生司)를 설치하기도 했다. 조선사회에도 질병의 예방에 국가가 개입해야 한다는 '위생' 개념이 부국강병을 위한 방안으로 소개되어 개화파의 관심을 받았다.

그러나 새로운 단어가 정착되는 과정에서 신조어 '위생'은 사용하는 사람의 의도와 입장에 따라 다양한 뜻으로 사용되는 모습을 보였다. 메이지 시기 일본에서는 근대적 위생이라는 개념을 설명하기 위해 나가요 센사이가 사용한 '위생' 외에도 기존의 양생(養生)·섭생(攝生)·섭양(攝養) 등의 전통적인 단어를 혼용해서 사용하였다. 위생의 뜻도 '공공의 건강'보다는 여전히 '개인의 건강'과 구분되지 않는 모습을 보였다. 조선에서도 한동안 위생과 양생 개념이 뚜렷이 구분되지 않고 사용되었고, 중국에서도 마찬가지로 '위생'을 개인의 건강을 위한 '보신(保身)', '양생', '장생(長生)'이라는 단어와 혼용하였다. 예를 들어 신문광고에서는 위생주(衛生酒), 보신주(保身酒)라는 건강보조식품이 등장하는데 이 약을 먹으면 전염병을 예방할 뿐만 아니라 몸이 건강해진다고 홍보하기도 했다. 또는 '위생'이라는 단어를 서양의학의 우수성이나 과학과 문명을 상징하는 단어로 적극 사용하면서 상품을 광고하고 자신의 주장을 뒷받침

하는데 이용하기도 했다.

앞서 소개한 '건강'이라는 번역어에서도 비슷한 모습이 나타난다. 중국에서는 1900년대 초부터 '건강'이라는 단어가 신문에 등장했고 1920년대와 1930년대 이후에 특히 활발하게 사용되었다. 건강은 주로 Health의 번역어로 사용되었지만 '위생'과 비슷한 뜻으로 사용되기도 하고 양생, 장생, 섭생 등 단어와 혼용되면서 근대적인 의미의 '건강'보다 전통적인 양생의 뜻과 가깝게 사용되기도 하였다. 또한 '건강'은 약품을 홍보하는 문구나 논설에서 서양 의학지식을 강조하기 위한 중심 단어로 사용되기도 하였다. 즉 이 시기에 동아시아 사회에서 양생·위생·건강이라는 개념은 사용자의 의도와 목적에 따라 혼용되고 있었다. 그 중 '건강'은 개인 차원의 안녕을 의미하는 '양생'과 비슷한 의미로 사용되면서도 때로는 국가가 적극적으로 개입하고 사회적 의미를 가진 '위생'과 비슷한 의미로 사용되기도 하였다. 즉 '건강'은 전통적인 요소와 근대적인 요소가 함께 어우러지면서 동아시아 사회의 새로운 단어로 자리잡게 되었다.

건강과 장수의 비결은?

　민국 시대의 신문, 잡지에는 양생과 건강에 대한 새로운 관점이 등장하는 것을 볼 수 있다. 사람들은 여전히 전통적인 '양생'을 중시했지만 서양의학을 바탕으로 하는 건강이론이 일종의 신식 '양생법'으로 소개된 것이다. 신문에서는 서양 의사가 제안하는 건강론과 장수법을 소개하는 기사를 어렵지 않게 볼 수 있다.

　영국의 유명한 의사가 말한 백년장수법은 중국의 위생계(衛生界)가 참고할 만하다. 내용은 다음과 같다.: 저녁 8시에 취침한다. 취침 시 오른쪽으로 누워 자야 한다. 감기에 걸렸을 때 창문을 꼭 닫아 걸지 않고 환기한다. 침대와 벽은 바짝 붙이지 않는다. 아침에 일어나 몸을 씻을 때는 반드시 물이 따듯해야 한다. 조식 전에 운동을 한다. 음식은 소식하며 성인은 우유를 마시지 않는 것이 좋다. 술을 멀리한다. 개나 고양이 같은 동물은 병원균이 많아 전염이 되기 때문에 집 안에 두지 않는다. 농경, 전원생활을 한다. 음주, 습기, 더러운 배수구를 피한다. 직업을 갖고 욕망을 절제한다. (백년장수법,《新民叢報》3-23, 1905, 122쪽)

신문에 소개된 여러 가지 건강법과 '장수(長壽)'·'장생(長生)'·'장명(長命)'과 관련된 이야기 중 주목할 만한 점은 '운동'이 건강을 유지하기 위한 필수적인 신체 활동으로 빠지지 않고 등장했다는 것이다. '건강론'마다 조금씩 내용은 다르지만 공통으로 포함되는 부분이 '아침 일찍 일어나 산책이나 운동을 한다', '신선한 공기를 마시며 운동을 한다' 등의 내용이었다. 특히 노인의 경우 청년보다 신체의 기능이 저하되기 때문에 격렬한 운동을 피하고 '적당한' 운동을 해야 한다고 강조하였다.

신체를 강건하게 하고자 한다면 운동을 하지 않을 수 없다. 운동을 하지 않으면 두 다리가 연약해져서 양발은 걸을 수 없게 되고, 근골이 활동하지 않고 혈맥이 멈춘다. 얼굴이 노래지고 살이 마르며 소화불량과 적식(積食) 등의 병이 나타난다. 운동을 하면 혈맥이 순환되고 각 기관은 충분한 영양을 얻게 되니 호흡이 고르게 되고 양기가 충족되며, 뇌력(腦力)이 건전(健全)되어 (뇌가 건강해져) 기억력이 좋아진다. 즉 신체가 자연히 날로 강해지니 건강하기를 원한다면 운동을 하지 않을 수 없다. (건강에 도움이 되는 운동,《健康》, 1929.1.31., 3면)

"사람이 나이가 들면 신진대사가 느려지고 혈맥순환에 문제가 생겨 몸이 약해진다. 서양의 유명한 의사 로날드가 제안한 방법을 소개한다.: 매일 적당한 운동을 하라. 운동을 하며 신선한 공기를 마시면 건강을 유지할 수 있다. 지나치게 따뜻한 기온의 공기에서 생활하는 것은 몸에 좋지 않다. 매일 적당량의 고기를 섭취한다. 소고기가 제일 좋다. 그 외 산양의 우유, 계란, 곡류, 야채, 요거트, 과일 등을 섭취한다. 매일 따뜻한 물에 목욕한다. 매일 변을 본다. 옷은 다공성의 넉넉한 것을 입고, 보온을 유지하며 여름에는 흰색 모자를 써서 높은 기온을 막는다.⋯"(장수의 방법,《醫藥學報》3-7, 1911, 78-79쪽)

그렇다면 적당한 운동이란 어떤 운동을 의미할까? 특히 노인에게 적합한 운동으로는 어떤 운동을 추천하였을까? 당시 중국 사회에는 축구, 농구, 배구, 승마, 골프, 수영, 테니스, 스케이트, 체조 등 여러 가지 서양의 스포츠가 소개되었고 학생들의 체육활동에 포함되기 시작했다. 1933년《시보》의 기사에서는 노인의 건강과 운동의 관계, 노인 운동의 중요성을 설명하고, 서양의 노인들이 젊은이 못지않게 다양한 스포츠를 활발하게 즐긴다는 사실을 소개하였다.

노년의 골격은 석회질이 많아져 **뻣뻣해지고** 부러지기 쉽기 때문에 격렬하게 움직이면 안 된다. 또한 50-60세 이후에는 탄력이 없어지고 신축성이 떨어진다.… 그렇다면 노인은 어떤 운동을 선택해야 하는가?… 서양 노인들의 체질은 동양의 노인보다 강건하다.… 영국의 문예가 조지 버나드쇼는 76세에도 수영을 하며, 미국의 재벌 록펠러는 최근 93세의 생일을 맞았다.… 서양의 노인은 스트레칭을 항상 하고 등산, 산책, 크리켓, 테니스 등을 한다. …건강을 위해 운동을 해야 하지만 꾸준히 강도가 낮은 운동을 해야 한다. 운동은 의약과 같아 과다하면 해가 되기 때문이다.…골프는 심장과 폐에 무리가 없는 운동으로 노인에게 유익하다. 테니스도 같은 이유로 노인에게 좋은 운동이다. 스웨덴 국왕은 75세의 고령인데도 매년 남유럽 테니스 대회에 참가할 정도로 건강하다. (노인의 운동생활,《時報》, 1933.8.11., 6면)

그러나 서양의 노인들은 중국의 노인보다 체질적으로 '강건' 하기 때문에 다양한 스포츠를 즐길 수 있다는 인식이 있었다. 그 때문에 '기공'과 같은 전통 도인술이나 맨손체조, 스트레칭, 산보 등의 운동을 중국의 노인에게 적합한 운동으로 추천하였다. 특히 체조는 여러 가지 장점이 있었다. 다른 구기종목이나 기구 운동과 달리 돈이 들지도 않고, 시간의 제약이 없으며, 공간을 많이 차지하지도 않기 때문이었다. 1924년 《위생보》의 기사에서도 침대 위에서 할 수 있는 운동법을 소개하며 간단하고 쉬운 동작이라도 충분히 근육을 기를 수 있고 건강과 장수에 도움이 된다고 하였다.

운동은 혈액순환에 도움이 되고 신체 내의 노폐물을 배출해 주며 강한 근육을 만들게 한다. 그런데 운동의 효과를 보려면 반드시 전신운동을 해야 하는데 몸에서도 가장 소홀하기 쉬운 등/중심 근육(코어근육)을 훈련해야 한다. …굽히기, 흔들기, 뻗기 등 간단한 운동으로도 건강을 지킬 수 있다. …아침에 일어나 침대에서 할 수 있는 운동을 추천하는데 이 운동들은 간단하고 쉽고 돈이 들지 않는 운동법이다. 첫째, 침대에 누워 오른쪽 다리를 높이들고 아래로 내리는 동작을 10회에서 15회 반복한다. 잠시 쉬며 심호흡을 하고 왼쪽 다리도 똑같이 반복한다. 둘째, 침대 위에 누워 두 다리를 오므리고 발바닥을 침대 위에 붙인 뒤 배를 번쩍 들어 등이 다리와 일직선이 되게 한다. 다시 천천히 몸을 아래로 내린다. 이 동작을 하다가 피곤할 때 멈추고 천천히 심호흡을 하며 폐를 확장한다. …건강과 장수의 비결은 바로 이러한 간단하고 쉬운 운동에 달려 있다. …매일 이러한 운동을 몇 분이라도 하여 신체를 발육시키고 건장한 몸을 유지해야 하는데, 그렇지 않으면 건강과 장수를 누리는 행복을 얻지 못할 것이다. (《末世牧聲》4-17, 1924, 27-29쪽)

'무엇'을 '어떻게' 먹어야 하는가도 노인의 장수과 건강에 중요한 문제였다. '건강론'과 '장수론'에는 노인의 소화기능 회복과 식사량 증가가 중요하다고 강조하였고, 서양의학에서 소개하는 '효소', '비타민'과 같은 새로운 영양소의 섭취를 권장하기도 했다. 1940년대 초 신문에 자주 등장하는 일본 와카모토 사의 약품 '약소(若素)'의 광고는 건강 칼럼의 형식을 빌어 약품을 광고했는데, 노인이 쇠약해지는 직접적인 원인이 소화력의 감퇴, 위장의 영양부족 때문이라고 설명하였다.

노인의 영양조건: 인간은 중년이후에는 성장이 멈추고 신진대사가 쇠퇴한다. 가장 약해지는 기관이 바로 소화기관이다.…노인의 음식은 영양이 풍부하고 소화가 쉬운 것이어야 한다. 그럼 소화가 쉬운 음식은 무엇이 있을까? 지방과 육류를 소화하기

어렵고 가장 소화가 쉬운 것은 전분 종류이다. 60세 이상의 노인은 육류보다 생선, 야채 종류를 많이 먹어야 한다. 보다 적극적인 방법은 '약소(若素)'를 먹고 위장을 튼튼하게 강화하여 소화를 촉진하는 것이다. 약소는 각종 소화효소를 함유하고 있을 뿐만 아니라 신진대사를 활발하게 하는 영양소가 풍부하다. 그래서 약소를 먹어본 사람은 모두 소화불량과 변비 등의 증상이 없어졌다고 한다. '약소'는 노인에게 꼭 필요한 양약(良藥)인 것이다. 약소는 성분이 순하고 효과가 좋아 노인이 먹으면 변비 및 각종 질병을 해결할 수 있다. 《東方文化(上海1942)》1-4, 1942, 3쪽)

다른 광고에서도 역시 신문기사나 학술발표의 형식을 빌려 '생식소(生殖素)' 약을 선전하기도 했다. 이 광고에서도 외국의 의사와 과학자에 의해 노화를 막고 건강을 증진하는 '생식소' 약을 추출하는 실험이 성공했음을 의학 기사의 형태로 전달하는 것을 볼 수 있다.

〈건강공론〉-노쇠예방의 과학발전
'장생불로'는 누구나 원하는 일이지만 쉽게 이룰 수 없다. 장수국가로 유명한 덴마크도 평균 수명이 60세인데 단명으로 유명한 중국이야 어떻겠는가.… 최근 전세계 외국 과학자의 노력으로 실험이 성공하였다고 한다. 건강한 동물의 생식선을 허약한 동물에 이식하여 내분비의 작용으로 젊음을 되찾는(返老還童) 실험에 성공한 것이다. 이 학설이 발표된 이후 전 세계의 노인들이 매우 기뻐하였다. 또한 러시아의 생리학자 모로코프는 이 학설로 인간과 가장 비슷한 것으로 알려진 돼지에게 실험을 하여 효과를 보았다. 오스트리아의 생리학자 스타나씨는 30년의 연구 끝에 건강한 동물의 생식선에서 정수를 뽑아 이를 '생식선제'로 만드는데 성공했다. 그리고 불가리아 지방의 70세 이상 노인 100여 명에게 복용하게 했더니 노인들의 정신이 멀쩡해지고 10년 내 사망하는 자가 아무도 없었다고 한다. 생식선과 인간의 노화는 분명 깊은 관련이 있는 것이다. 그 때문에 생식선 약으로 노화와 정신쇠약을 예방할 수 있다. (『新聞報』, 1936.10.23., 14면)

노인을 대상으로 하는 '건신로(健身露)' 강장제 광고도 비타민 B1. B2의 영양소가 약에 포함되었고 복용시 노인의 정신이 맑아지고, 결국 노화를 멈추게 할 수 있다고 하였다.

노인의 보약품. "건신로를 마시니 정신이 훨씬 나아졌어."

"건신로를 마시니 정신이 훨씬 나아졌어."(《申報》1940.4.5.,6면)

연로하고 쇠약한 사람이 건강 보조약을 고르는 것은 매우 어려운 일이다. 너무 느끼해도 소화가 안되고 맛이 써도 입맛을 해친다. 그 때문에 맛도 좋고 먹기 좋은 위대한 건신로로 부모님을 봉양하는 것이 유일한 묘법이다. 건신로는 비타민 B1. B2, GH, 그리고 인산염을 포함하고 있어 노인의 몸에 무엇보다 큰 도움이 된다. 며칠간 먹으면 곧 입맛이 늘고 정신이 좋아진다. 오랫동안 마시면 곧 정신이 맑아지며 노화가 멈춘다. 건신로는 알코올을 함유하지 않기에 많이 마셔도 취하지 않으니 남녀노소가 모두 좋아하는 약이다. (『申報』, 1940. 4. 5, 6면.)

　이 시기 노인과 관련된 매약(賣藥) 광고에서 자주 등장하는 노화, 쇠약의 원인은 대개 소화불량, 식사량 감소, 변비, 원기(元氣) 부족 등이었다. 때문에 노인의 건강과 장수를 돕는 매약에는 부족한 원기와 영양분을 보충하는 자양강장제나 소화제, 변비약 등이 많았던 것으로 보인다. 광고의 문구에는 중국에 수입된 생리학, 영양학, 세균학 등의 지식이 적절히 이용되며 '불로장생'이 불가능한 꿈이 아닌 것처럼 낙관적인 미래를 제시하였다. 장수는 운동을 통해 신체를 단련하고, 전염의 원인인 세균을 제거하고, 약을 통해 부족한 영양을 보충하는 등 과

"건강이란 음식을 많이 먹는 것이 아니다."
《新聞報本埠附刊》1934.2.10.,10면)

학적 건강법에 의해 충분히 이룰 수 있는 꿈이 되었다.

신생활운동 시기 국민의 '건강'과 '장수'

1927년, 중국에서는 장제스와 국민당이 군벌(軍閥)과의 전쟁에서 승리하여 정권을 장악하고 난징(南京)에 국민정부를 세우게 되었다. 장제스의 국민정부는 대내외적으로 중국을 대표하는 국가로 인정받았고 정치적 안정을 바탕으로 중국의 근대화를 추진하는 데 박차를 가하게 되었다. 장제스는 중국 국민이 여전히 도덕적으로 타락하고 낙후된 생활 습관에서 벗어나지 못하기 때문에 근대화의 추진에 방해가 된다고 생각했고, 전 국민을 계몽하기 위한 '신생활운동'을 추진하게 되었다. 신생활운동은 유교 사상과 기독교적 신념을 바탕으로 하면서 국가라는 '대가정' 아래에서 국민을 교화하는 대상으로 삼았다. 신생활운동에서 바라보는 중국인의 문제 중 시급히 개선해야 하는 것은 낙후된 위생 의식과 나약한 신체와 정신이었다. 따라서 이 시기 남경국민정부는 전 국민에게 '청결'을 교육하고 군사훈련을 통해 자라나는 학생과 청년에게 상무 정신을 심고자 하였다. 또한 체육 교육의 중요성을 선전하여 '건강한 국민의

의복은 몸에 맞게. 음식은 잘 씹어서 삼키기.
실내에는 창문을 자주 열어 공기가 통하게 하기
《儿童晨报》1934.1.15.,1면)

신체' 육성의 중요성을 강조했다. 이런 배경에서 중국 사회에서 본격적으로 건강이 언급되기 시작한 것으로 보인다.

1930년대 초, 일본이 만주 지역을 침공하고 서부와 서남부 지역은 여전히 군벌의 수중에 있었지만 남경국민정부는 강력한 언론통제책, 경제성장을 바탕으로 점차 정치적 안정을 누릴 수 있게 되었다. 그리고 이러한 안정을 바탕으로 '신생활운동'을 전개하였다. 신생활운동에서 국민에게 교육하고자 한 중심 내용의 하나는 '위생'과 '청결'이었다. 소학교의 교과서에서는 학생들에게 손을 씻고 개인 컵을 사용하고 길에 함부로 침을 뱉지 말라는 위생과 청결 교육을 전개했고, 언론 매체에서는 성인을 대상으로 위생과 청결의 중요성과 가치를 선전했다. 당시 중국 사회에는 콜레라와 페스트 같은 전염병의 위험이 커져 있었기 때문에 개인의 위생은 질병을 막기 위해 반드시 필요한 교육이었다. 위의 그림은 신생활운동 시기 교과서와 신문에 실린 것으로 '청결'과 '건강'을 아동에게 교육하고 있다. 목욕, 몸에 맞는 의복의 착용, 청결한 음식, 적당한 식사, 환기를 실천하면 건강을 지킬 수 있다는 내용이다.

그렇다면 이 시기 '건강'은 어떻게 교육되었을까? 건강한 인간이란 무엇이었을까? 남경국민정부의 위생부 부장으로 위생

"길에 함부로 침과 가래를 뱉으면 질병이 전염된다! 많이 운동하고 많이 씻자."(사진 왼쪽)
《申報》1939.3.27., 13면)

건강가(健康歌)(사진 오른쪽)
1. 나는 작은 운동장에서 운동시간을 정해 근육을 단련하고 몸을 건강하게 만들어요.
2. 나는 작은 비누로 몸의 더러운 때를 깨끗이 씻어내고 온 몸을 깨끗하게 하여 더러운 것을 내보내요.
3. 나는 작은 손수건으로 입 안의 가래와 침을 꼼꼼히 싸서 병균을 없애고 모두가 건강해져요.

정책을 이끌었던 류루이헝(劉瑞恒, 1891-1961)이 쓴 『신생활과 건강(新生活與健康)』에서는 다음처럼 말했다.

사전적 의미의 건강은 '병이 없는 상태'나 '고통이 없는 육체'를 말한다. 그러나 이는 가장 낮은 단계의 건강에 불과하고 완전하지 않다. 생물학적으로 건강은 신체와 정신이 안락한 상태를 모두 말하며 건강한 사람이란 심신의 활동이 모두 질서가 있고 생활의 변화에 대응하며 저항할 수 있는 상태를 말한다. … 미국 학자의 건강에 대한 의견을 따져 보면 세 가지로 나눌 수 있다.

첫째, 건강은 전체적이며 부분적이 아니다. 정신 도덕이 모두 포함된다. 둘째, 건강은 일상생활에서 만들어지고 드러난다. 또한 건강은 목적이 아닌 도구로 반드시 사회와 일에 공헌할 수 있어야 한다. 셋째, 건강은 무한하다. 건강에는 한계가 없으며 측량할 수도 없다. 오늘 일을 여덟 시간 하면 내일은 일을 아홉 시간 혹은 아홉 시간 이상 할 수도 있는 것이 건강이니, 건강은 매우 유연하며 융통성이 있고 한계가 없다. 건강은 세 가지를 포함해야 한다. 첫째, 자신의 생명을 아끼는 것이다. 둘째, 자신이 좋아하는 일을 하며 스스로를 양호한 상태로 만들어야 한다.

셋째, 사회 발전에 공헌을 할 수 있어야 한다. (『신생활과 건강』, 5-7쪽)

류루이헝은 국민정부의 위생 정책을 이끌었던 인물로 그의 '건강론'은 당시 정부의 정책 및 방향과 무관하지 않았을 것이다. 건강이 그 자체로 목적이 아니며 사회에 공헌할 수 있는 도구로 유용하다는 생각은 건강한 몸이 더 이상 개인의 것이 아니며 사회에 소속된 자원이라는 것을 의미한다.

수명과 장수도 이러한 도구적 건강관이 드러난다. 류루이헝은 국민 수명 연장과 장수의 가치를 사회 발전과 문명과 연관하여 설명하였다.

어떤 사회에서든지 사람이 태어나 평균적으로 약 15년 동안은 양육과 교육이 필요하며 이후에야 비로소 사회에 공헌하고 생산을 담당할 수 있다. 만약 각 나라의 평균수명에서 15년의 양육 기간을 제한다면 나머지 기간은 사회에 복무하는 기간일 것이다. 미국인의 평균수명은 58세이고 그들의 사회 복무 기간은 43년이다. 이는 곧 모든 미국인이 사회에서 일할 수 있는 시간이 43년이라는 것이다. 그러면 중국은 어떠한가? 중국인의 평균수명은 30세에 불과하다. 이 말은 사회에 복무할 수 있는 기간이 단지 15년에 불과하다는 것이다. 이는 곧 미국의 3분의 1에 불과하고 다른 나라에 비해서도 매우 짧은 편이다. 유아사망률은 말할 필요도 없다. 아동과 청장년의 요절은 사회에 매우 큰 손실이다. 현재 우리나라가 진행하는 사업은 외국에 비해 매우 뒤떨어져, 다른 나라는 이미 20세기에 속하지만 중국은 아직도 17, 18세기에 머물러 있다. 우리나라의 진보는 곧 평균수명과도 관련이 있는 것이다. (『신생활과 건강』, 23-24쪽)

우리나라의 높은 사망률과 낮은 평균수명은 곧 경제건설과 사회생산에 영향을 미친다. 동시에 민족의 앞길에 큰 위기를 가져온다. 총리[장제스]께서는 민족주의에서 다음처럼 말했다. "근 100년간 세계의 인구증가의 원인은 과학의 발전, 의학의 발달, 위생시설의 정비 등으로 사망이 감소하고 출생이 늘어났기 때문이다." 비록 중국이 4억의 인구라고는 하나 작년의 사망률은 출산율보다 높아 인구가 감소하고 있어 거의 종이 도태되는 것과도 같다. 그 원인을 생각해 볼 때 가장 큰 이유는 건강의 문제에 있다. 우리나라의 국민은 줄곧 '건강'을 무시해왔고 모두가 '동아병부'와 같다. 국민은 민족의 조직세포이니 세포가 건강하

지 않으면 모든 조직이 자연히 건강하지 않다. 미국 인민이 10
년간 인구수가 10배나 증가했던 원인은 과학과 의학, 위생의 영
향 덕분이지만, 더 큰 원인은 미국 국민이 건강한 신체와 지력
[腦力]을 가졌기 때문이다. 총리[장제스]는 중국 민족을 구하기 위
해 '인구증가'를 이뤄야 열강에 의해 소멸되지 않을 수 있으며
중국 민족의 역량을 충실히 할 수 있다고 하였다. 그러나 인구
증가를 위해서는 '국민건강'이 먼저일 것이다. (『신생활과 건강』,
25-27쪽)

평균수명을 증가시키기 위해 가장 중요한 것은 위생을 지키
는 것이다. 의식주는 사람이 살아가는 데 가장 기본적인 것이
고, 더 높은 목표는 사회·국가·민족을 위해 봉사하는 것이다.
그래서 개인이 오래 살고 장수하는 것은 자신뿐만 아니라 사
회·국가·민족을 위한 것이다. 어떤 사람은 사람이 고령이 되면
정신이 쇠약하고 기력이 없고 청년처럼 일하기 힘들다고 한다.
그러나 이는 크나큰 착오이다. 서양의 위인들을 보면 그들은 모
두 인생의 만년에 위대한 업적을 남겼다. 그러면 서양의 노인
들은 어떻게 능력을 발휘할 수 있었을까? 이유는 간단하다. 서
양의 노인들은 대부분 위생을 중시했기 때문이다. 이들은 일상

생활에서 충분한 건강 교육을 받고 자신들의 건강 습관을 실천하기에 장수하며 정신이 뚜렷하고 일에서도 성공하는 것이다.

(『신생활과 건강』, 27-29쪽)

이상의 류루이헝의 말 속에서 당시 사람들이 왜 외국과 중국의 평균수명을 비교하고 장수에 주목했는지 유추해 볼 수 있다. 근대 이전의 사회에서 장수란 개인이 욕망을 절제하고 적절한 수련을 통해 이뤄 낸 결과이자 미덕이었다. 이 시기의 '장수'는 사회나 국가에 공헌한다는 목적이나 외국과 비교해야 할 어떤 이유도 없었다. 마을에서 장수하는 노인들을 모셔 잔치를 벌이거나 나라에서 상을 주는 경우도 있었지만 이것은 '효'의 실천과 임금, 군주의 '선정'을 치하하기 위해서였다. 반면, 근대 이후의 장수는 곧 그 사회의 개인위생의 정도와 문명을 가늠할 수 있는 척도로 이해되었다. 그래서 중국의 높은 영아사망률을 국가 발전에 심각한 손해를 끼치는 일로 인식하게 되었고, 통계를 통해 국민의 평균수명을 조사하여 외국과 비교하고 외국의 장수하는 노인들과 중국의 장수하는 노인들의 사례를 주목하게 되었던 것이다.

'건강'은 문명의 상징―장수하는 노인들

1842년, 아편전쟁에서 패배한 중국은 난징조약을 맺게 되었다. 이후 중국의 5개 항구가 외국에 개방되고 홍콩은 영국에 할양되었으며 상하이(上海)는 조계지(租界地)가 되었다. 조계지란 개항장에 외국인이 자유로이 통상 거주하며 치외법권을 누릴 수 있도록 설정한 구역을 말한다. 조계지에는 중국에 거주하는 서양인을 위한 서양식 병원·약국·상점·신문사·은행이 들어왔고, 조계지를 통해 다양한 서양의 문물이 중국 사회에 들어왔다. 이 시기 홍콩과 상하이에는 다양한 신문 매체가 우후죽순 등장했다. 특히 상하이는 중국 내 신문과 잡지 발행의 메카로 성장했는데, 1860년대 이후 영문·중문으로 발행하는 다양한 신문이 등장했다. 예를 들어 상하이를 대표하는 신문으로 1872년 중국에서 활동하는 영국인 무역상인 어니스트 메이저(Ernest Major)가 창간한 《신보(申報)》가 있었고, 그 외에도 《시보(時報)》·《신문보(新聞報)》·《화보(畫報)》 등 다양한 신문이 등장했다. 이러한 신문에는 다양한 주제의 논설과 광고가 자유롭게 실렸는데 당시 중국 사회를 이해할 수 있는 중요한 자료라고 할 수 있다.

위생과 건강은 이러한 신문에 등장하는 단골 소재였다. 특히 1920년대 이후 건강에 대한 관심이 높아지기 시작하면서 건강과 관련된 다양한 주장과 이미지를 확인할 수 있다. 물론 이때에도 '양생'은 위생·건강과 동의어로 사용되거나 비슷하게 사용되고 단어 간의 구분이 명확하게 나뉘지 않는 측면이 있다. 그렇지만 확실히 '건강'이라는 단어의 사용 빈도는 증가하고 있었으며, '건강'이라는 단어가 담는 메시지의 폭도 넓어지고 있었다.

당시 유행했던 단어와 이미지를 통해 '건강'이라는 단어가 어떻게 사용되었는지 살펴보자. 이 시기에는 건강한 육체를 '건강미(健康美)'로 표현하였는데 잘 발달된 근육과 젊고 탄탄한 몸의 이미지가 등장했다. 외국의 미인대회에서 수상한 여성들의 사진에는 '건강미의 표준'이라는 설명이 추가되었고, 근육이 발달한 건장한 남성 영화배우의 몸은 '건강미의 체격'이라고 하였다. 앞서 소개한 도인술 '팔단금'에 묘사된 몸과 비교하면 건강한 몸의 이미지에 큰 변화가 발생한 것을 볼 수 있을 것이다. 전통 의학에서 말하는 '건강한 몸'이란 군살이 없으며 근육이 발달한 몸을 의미하지 않았다. 그러나 새로운 시대의 '건강한 몸'은 운동을 통한 균형잡힌 체구와 근육의 발달을

"미국의 켈리포니아에서 열린 미인대회. 선출된 미녀들
은 모두 진정한 건강미의 표준이다."(사진 위)
《時報》1935.8.6., 9면)

"이 유명한 스타 배우는 매일 반드시 일광욕을 한다고
한다. 일광욕은 그가 건강과 행복을 누리는 방법이다."
(사진 아래)
《時報》1933.4.24., 8면)

의미하게 되었다.

그렇다면 노인들은 탄탄한 근육을 상징하는 '건강미'에서 소외된 것일까? 노인의 몸은 건강한 몸에 포함되지 못하게 된 것일까? 흥미로운 것은 젊은 사람의 건장한 몸 못지않게 운동으로 단련한 노년의 몸도 대중의 많은 관심을 받고 있었다는 것이다. 노인의 육체적인 능력은 청년에 비하지 못하지만 꾸준한 운동과 풍부한 영양 섭취로 몸이 건장해진 노인들의 사례가 신문에 소개되고 있었다. 건강한 노인들의 모범적인 사례는 '건강미'와 '장수'를 통해 제시되었다. 운동으로 단련된 건강한 노인의 몸을 보여주며 노년층도 운동과 위생을 통해 건강과 장수를 실현할 수 있다는 것을 알린 것이다.

우선 사람들의 눈길을 끌었던 것은 서양 노인들의 사례였다. '늙고 병들고 힘이 없는', '동아병부'와 같은 중국의 노인들과 달리 서양의 노인들은 위생과 운동을 중시하여 건강하고 장수한다는 것이다. 류루이형이 『신생활과 건강』에서 서양의 수명을 비교한 것처럼, 신문에서는 장수하고 건강한 서양 노인들의 사례를 소개하였다. 기사에서는 미국이나 영국 등 강대국은 물론 스페인이나 불가리아, 러시아 등 100세 이상 건강하게 장수하는 노인들이 평소 무엇을 먹는지, 어떤 건강 습관

"영화 '봉도낙원(蓬島樂園:Last of the Pagans, 1935)'의 스타
'레이 마라(Ray Mala)'의 건강미(健康美)."
《時報》1936.2.12.1면.)

을 가졌는지에 관심을 두었다.

　　유럽의 장수 노인: 영국의 한 노인은 170세까지 살았는데 매일 아침에 일어나 물을 마시고 고기를 많이 먹었다고 한다. 옷은 항상 따뜻하게 입었다. …영국 파얼씨는 152세까지 장수했는데 임종할 때까지 정신이 평소와 같았다고 한다.(《通問報》279, 1907, 7쪽)

　　미국이 최근 90세 이상 노인을 조사한 결과 33,762명으로 집계되었다. 그 중 9명은 130세 이상이고 96명은 120세 이상, 가장 장수한 자는 150세의 여성이었다. 남성 중 가장 장수한 자는 136세의 러시아 출신의 노인이다. (《新聞報》, 1912.5.9., 13면)

　　스페인의 장수한 부인: 스페인의 한 노부인은 세상에서 가장 장수한 노인일 것이다. 이 부인은 1781년에 태어났고 올해가 123세라고 한다. 결혼을 두 번하였고 자녀가 19명으로 모두 세상을 떠나 노부인만 홀로 남았다고 한다. (《通問報》227, 1906, 7쪽)

　　장생약: 근래 러시아의 한 교수는 산패한[발효된] 우유로 장수

를 돕는 방법을 발명하였다고 한다. "사람이 늙는 것은 미생물의 작용 때문이다. 만약 이것을 먹으면 미생물의 세균을 이길 수 있고 자연히 노화를 막을 수 있다. 산패한(발효된) 우유를 먹는 불가리아의 노인들이 장수하는 것이 그 증거이다."(《通問報-耶穌敎家庭新聞》227, 1906, 7쪽)

노익장을 과시하다: 미국의 노인들은 매일 아침 활을 당기는 운동을 한다. 영국의 70세 노인이 달리기 경주에 참가하였는데 혈기왕성한 기세가 청년에 뒤지지 않는다. (《國聞周報》5-30, 1928, 1쪽)

1937년 《세계기사화보》에서는 영국 켄트 지역의 자급자족하는 노인 공동체를 소개하기도 했다. 기사에서는 노인들이 함께 공동경작을 하고 자발적으로 운동과 휴식을 결정하며 외부에 의지하지 않는 노인촌의 모습을 '장생불로(長生不老), 봉래선경(蓬萊仙境)'으로 칭찬하며 이상적인 노년 생활의 모습으로 묘사하였다.

보통 중국의 노인은 집에서 하는 일 없이 밥을 축내거나 시

"65세의 건신(健身) 동지 류반농(劉半農) 선생"(사진 왼쪽)
《現代體育》2-2, 1944, 1쪽)

"미국의 156세 노인이 잠시 시간을 내어 증손자에게 권
투기술을 가르치고 있다."(사진 오른쪽)
《時報》1930.8.29., 6면)

간을 낭비하지만 영국의 노인들은 그렇지 않다.··· 영국의 켄트주의 Dodington마을에는 Dr. Josiah Oldfield가 주도하여 만든 노인들을 위한 공동체가 있다. 이 공동체는 공동으로 경작하고 자급자족을 한다. 그는 위생가이자 법률가로 의약과 법률지식이 해박하다. 올드필드 박사의 지도 아래 이 공동체의 노인들은 모든 것을 스스로 하고 건강하게 살고 있다. 이 마을의 노인들은 자발적으로 노동을 하며 게으름을 피우지 않는다. 이들은 "일을 해야 건강하고 유쾌하다"라고 한다. (《世界獵奇畫報》創刊號, 1937, 5쪽)

이상의 건강한 노인의 이미지들은 연로한 노인도 평소 위생 습관을 유지하고 운동을 하여 훈련하면 청년 못지않은 건강을 유지할 수 있으며, 중국의 노인도 위생수칙을 따르고 건강한 습관을 기르면 노화를 늦추고 장수할 수 있다는 메시지를 전달하였다. 당시 중국에는 건신회(健身會)가 도시민을 중심으로 조직되었는데, 이들은 마을의 운동회를 개최하거나 건신방(健身房, 일종의 체육관)을 설치하는 등 정부의 위생 정책과 국민 체육 정책을 사회 말단에 전파하는 데 많은 역할을 했다. 또한 각지의 지방 정부나 위생, 체육단체는 국민의 위생 실천

"노년기에는 반드시 운동을 해야 건강을 지킬 수 있다. 저명한 과학자 로키(洛琪)는 나이가 많지만 여전히 스스로 건신방(健身房:일종의 체육관)을 마련하여 매일 노쇠를 막기 위해 운동한다."(사진 위)
《時報》1930.5.12., 5)

"노익장을 과시하다, 달리기 경주에 참가한 영국의 노인들"(사진 아래)
《國聞周報》5-30,1928, 1쪽)

상해여청년회가 6월 4일에 어린이건강대회를 개최하였다.
이 사진은 주최 측 그리고 수상자들의 합동사진.
《申報》1930.6.22., 1쪽)

과 체육을 독려하기 위해 위생대회나 건강대회를 개최하기도
했는데, 이러한 단체나 대회에서는 노인들의 체육활동을 장
려하고 가장 건강하고 장수한 노인들을 선발하여 상을 주고
치하하였다.

'아동건강대회'와 '노인건강대회'

건강한 아이를 뽑는 '우량아선발대회'도 당시 사회가 요구한
'도구적 건강론'과 무관하지 않다. 신체 발달 상황에 맞는 건강
의 표준이 만들어지고 여기에 맞는 우수하고 건강한 아동과
양육을 담당하는 어머니를 선발하여 상을 주는 행위는 부강한
국가를 이루기 위해 '건강한 국민'을 생산하는 것이 중요했던
당시의 상황과 깊은 관련이 있었다. 근대 중국 사회에서도 '어
린이건강대회'라는 이름으로 아동의 건강을 측정하고 양육자
인 모친에게 상을 수여하였다.

그런데 비슷한 시기에 아동뿐만 아니라 건강하고 장수하는
노인을 선발하는 건강대회도 종종 개최되었던 것이 눈길을 끈
다. 1930년 9월 11일, 중국의 광시성[廣西省] 오주(梧州) 지역에
서는 중국에서 처음으로 '노인건강대회'를 개최하였다. 오주

시정청(市政廳)의 주최로 중산기념관(中山記念館)에서 열린 이 대회는 오주시의 60세 이상의 노인이면 누구나 참가할 수 있었고 수상 여부와 관계없이 참가한 모든 노인에게 선물을 증정하였다. 시 정부는 각 홍집자회(紅十字會: 중국의 적십자회)에 모인 노인들을 20대의 버스를 보내 중산기념관에 모이게 하였다. 대회에는 시정청장을 비롯 지역의 고위인사들이 다수 참여한 가운데 수많은 인파가 모이며 성대하게 개최되었다. 대회에 참가한 노인은 모두 174명으로 60세-70세, 70세-80세, 80세-90세, 90세 이상으로 나누어 건강검진을 하였고 수상자를 결정하였다. 참가자 중 90세 이상은 남성 둘, 여성 셋, 총 다섯 명이었다. 그중 가장 나이가 많은 노인은 102세의 노부인이었다.

1931년의 《부녀잡지》에서는 1930년에 광시성 오주에서 개최되었던 노인건강대회에 대해 다음처럼 이야기하였다.

지금까지 우리는 아동의 건강대회에 대해서는 들어왔지만, 노인의 건강대회에 대해서는 듣지 못했을 것입니다. 대개는 아동의 건강대회가 많기 때문이고 아마 노인의 건강대회는 생소할 것입니다. 그런데 작년 가을에 광시의 오주(梧州) 시정부에서 노인의 건강대회가 개최되었고 많은 사람의 주목을 받았다고 합니다. …이 노인건강대회의 심사자들은 단순히 장수만을 평가하지 않고 얼마나 건강한지를 보았습니다. 대회의 우승자는 102세의 류씨 노부인이었는데, 그녀는 고령에도 불구하고 정신이 또렷하고 심사자가 묻는 여러 가지 질문에 잘 대답하였다고 합니다. 대회는 류씨 노부인을 비롯한 수상자들에게 상금과 선물을 증정하였습니다. 그리고 대회에서는 건강하게 장수하는 이 노인들의 공통점을 발견했는데, 장수 노인들이 대개 농촌의 노인들이고 적당한 노동을 하고 일찍 자고 일찍 일어나며 청결한 생활을 한다는 점입니다. 이 대회는 많은 사람들의 이목을 끌었고, 사람들에게 위생의 중요성과 위생 지식을 교육할 수 있는 좋은 기회이니 앞으로도 자주 개최되기를 바랍니다. (《婦女雜誌(上海)》17-1, 1931, 16쪽)

이러한 노인건강대회는 정부가 추진하는 위생과 청결의 중요성을 대중에게 보여주는 효과가 있었다. 1930년대 이후에는 광시성의 노인건강대회 외에도 중국 각지에서 노인건강대회를 개최하여 국민의 건강과 위생 교육을 선전하였던 것으로 보인다. 1933년에 광둥[廣東]에서는 광둥과 후난[湖南]을 잇는 주철교(珠鐵橋. 현재 海珠橋)의 개통을 기념하여 노인건강대회를 개최하였고 우승자는 103세의 후난 출신 노인이었다. 1936년 10월 10일, 가릉구(嘉陵區: 현 쓰촨성 지역)에서도 국민건강교육을 제창하기 위한 취지에서 서(署) 주최로 '경로회(敬老會)'를 개최하였다. 구 내의 70세 이상의 남녀 345명의 노인들이 참석하였고 구(區)에서는 가장 장수한 132세의 노인 진원경(陳元慶) 선생을 '노인건강의 모범'으로 삼고 치하하였다. 경로회에서는 노인들에게 식사를 대접하고 기념사진을 남겼다.

1935년 광둥성 순덕현(順德县)에서 열린 노인건강대회의 사례를 통해 노인건강대회의 취지와 건강 심사방법과 기준 등을 좀 더 자세히 파악할 수 있다. 이 지역은 잠업(蠶業)을 전문으로 하는 농촌으로 노인들은 모두 시골에 거주하는 농민들이었다. 이 지역의 매체에서는 노인건강대회의 개최 사실을 다음처럼 전달하였다.

이 지역 주임은 농민의 신체 건강이 노동능률과 관련이 있으며 큰 영향을 미친다고 여긴다. 이에 특별히 이번 달 11일 휴경기에 노인건강대회를 개최하여 농민에게 위생의 중요성을 일깨우려고 하였다. 참가자들을 조사하니 남녀 모두 143명이었고 모두 우리 지역에서 누에농사(蠶農)를 하는 노인들이었다.

그러나 당일 비가 와서 실제 참가한 자는 102명이었다. 대회의 경쟁 항목은 청력, 판단력, 일 처리 능력, (몸의)염증 여부와 눈의 질환[眼瘵], 눈병, 치아, 행동과 일의 능률, 정신건강 등의 평가였다. 이 대회의 심사자는 이 지역의 의사 담영상(譚英常)과 외부에서 초빙한 의사 류작신(劉焯臣)이며 두 의사가 공동으로 심사하였다.… 오전 10시에 대회가 시작한 뒤 간호사 오절화(吳節華), 조간호사 주지영(朱志英) 등이 신체검사를 시작하였고 오후 2시에 완료되었다.… 그 결과 남성 1등은 74세의 노인 임영례(林英禮), 2등은 71세의 종임송(鐘林松), 3등은 81세의 양광개(梁廣開)이다. 여성 1등은 81세의 오홍채(吳興彩), 2등은 74세 풍량씨(馮梁氏), 3등은 72세의 온은씨(溫殷氏)였다.(《蠶聲》1-3, 1935, 30-31쪽)

광시 오주시의 노인건강대회, 광둥의 노인건강대회, 쓰촨의 경로회 등과 마찬가지로 광둥 순덕현의 노인건강대회는 정부의 건강, 보건정책과 관련이 깊었고 특히 농촌 지역에 위생의 중요성을 선전하려는 목적이 컸다. 노인 건강을 심사하는 데에는 의사와 간호사 등 지역 의료인이 관여하였고 노인 건강을 측정하는 항목은 시력, 안과 질환 여부, 염증 질환 여부, 청

광시[廣西] 오주(梧州) '노인건강대회' 우승자들의 기념사진
(사진 위)
《良友》56-15, 1931)

가릉구(嘉陵區)에서 개최한 경로회(1936.10.10)(사진 아래)
《工作月刊》1-3, 1936)

력, 인지능력, 치아 상태 등인 것으로 보인다. 당시에는 노년의 건강 표준이 마련되었고, '건강한 노인'의 기준은 단순히 나이의 많고 적음이 아니라 각 항목의 신체 능력으로 결정된다는 것을 볼 수 있다. 즉, 노인건강대회는 아동의 건강대회만큼 활발하게 개최되지는 않았지만 사람들의 건강과 장수에 대한 관심을 이끌어 내고 정부의 위생 정책을 홍보하는 데 효과적이었을 것이다. 지역 신문에서는 노인건강대회에서 우승한 노인의 사진을 게시하고 노인건강대회의 취지를 지역민들에게 설명하였다.

'건강과 장수를 사세요'─건강약과 장수약의 유행

근대 중국 사회에서는 다양한 약품이 시장에서 경쟁하고 각종 약품의 상업광고가 홍수처럼 쏟아졌다. 특히 상하이에서는 개항 이후 의약 산업이 비약적으로 발전하여 각종 서양 약국과 제약 회사가 세워졌고, 중국인이 만든 약국도 제약 회사로 발전하며 제약 공장을 만들어 서양 약에 대응했다. 많은 중국인들은 오랫동안 전통적인 중약(中藥)을 신뢰하고 있었으나 곧 서양 약[洋藥]에 관심과 호감을 갖기 시작하였고 중약에는

이카쓰 광고.(사진 왼쪽)
《新聞報》1911.3.14., 20면)

상하이 호랑이표 영안당 약국의 광고.(사진 오른쪽)
《民國日報》1928.3.20.,3면)

없는 물질과 효능을 인정하게 되었다. 이 시기 의약 시장은 전통 중약과 양약, 중약과 양약의 장점이 혼합된 약, 또는 그럴듯하게 서양 약을 모방해서 흉내 낸 엉터리 약 등이 혼재되어 경쟁하고 있었다. 사람들이 선호하는 약도 매우 다양했는데 보약 종류가 많은 사랑을 받았다. 사람들은 특정 질환을 치료하기 위해 약을 먹기도 했지만, 특별히 몸이 나쁘지 않아도 다양한 이유에서 건강에 도움이 되는 약에 기꺼이 돈을 지불했다.

이 시기 약 광고에도 '건강'이라는 단어가 자주 등장하는 것을 볼 수 있다. 당시 약품들은 서양에서 일본과 중국으로 수출되는 경우도 있었지만, 일본에서 한반도와 중국으로 수출된 약품들도 적지 않았다. 1899년에 일본의 로토제약이 발표한 위장약 이카쓰(胃活)도 1910년대 이후 중국에 수입되어 유행한 매약으로, 광고에서는 이카쓰를 복용하면 위가 튼튼해지고 식욕이 증진된다고 홍보하였다. "사람이 아름답고 건강하려면 먼저 위가 건강하지 않으면 안 된다.", "식욕을 증진하는 묘약은 세상에 이카쓰만 한 약이 없다. 이카쓰는 위(胃)의 양약(良藥)이다." 등 '이카쓰' 광고에서는 '건강'하기 위해 이카쓰를 복용해야 한다는 문구가 나타났다. 첫 번째 광고에서 이카쓰를 광고하는 남성은 돈과 건강을 양손에 들고 어느 쪽이 중요

獅子牙粉

身体髮膚受之於父母、敢不毀傷孝之始也。
健康寔是爲人生最大幸福、而亦忠君孝養之大本也。
不聞共和國教科書乎、「頭宜常沐、身宜常浴、髮宜常梳、牙宜常刷」

牙齒是身體第一關門、而亦出入諸好歹物之關門也、牙齒口腔
强弱直關乎全身之强
弱故常用品質最良價
錢最康之獅子牙粉維
持牙齒清潔則諸位務
生可以得健康
及幸福也。

라이온 표 치약[牙粉]
《時報》,1915.3.14., 7면

한지 독자에게 묻고 있다. 오른쪽의 광고도 돈과 건강 중 어느 것이 중요한지를 비교하고 있다. "세상 사람들 중 돈을 좋아하지 않는 사람은 없을 것이다. 그러나 돈이 아무리 많아도 건강하지 않으면 소용이 없다. 어떻게 하면 건강하고 질병에 전염되지 않을 수 있는 것인가. 제군들, 질병을 예방하고 고통을 피하기 위해서는 호랑이표의 영약만 한 것이 없다."

위생이 중요해지면서 중국 사회에는 비누와 세제, 치약과 같은 보건위생용품도 판매되기 시작했는데 보건위생용품의 광고에서 가장 강조했던 것도 역시 건강와 위생, 보건 등의 가치였다. 위의 '라이언 치약' 광고의 문구에서도 확인할 수 있다.

신체발부수지부모는 바로 효의 기초이다. 건강은 인생의 가장 큰 행복이며 충군효양(忠君孝養)의 근본이다. 공화국의 교과서에서도 이렇게 말하고 있지 않은가? "머리는 자주 휴식하고 몸은 자주 씻어야 하고, 두발은 자주 빗어야 하고, 치아는 자주 닦아야 한다" 치아는 신체의 첫 번째 관문이고 많은 것이 들어오는 관문이다. 치아와 구강의 강함의 여부는 전신의 강약과 관련이 있다. 그러므로 품질이 가장 좋고 가격이 가장 저렴한 사자표 치약[牙粉]을 자주 써서 치아의 청결을 유지해야 한다. 그러면 평생토록 건강하고 행복할 수 있을 것이다.

　이러한 '건강약'의 소비자는 남녀노소를 구분하지 않았지만, 일부 광고는 노인의 건강과 장수를 대상으로 삼기도 했다. 1920년대와 1930년대 중국에서 크게 유행한 백령기(百齡機)라는 약이 대표적이다. 백령기라는 약은 상하이 제약업계에서 활약한 약상 황초구(黃楚九)에 의해 시장에 등장했다. 황초구는 의약업에 종사한 가족의 배경을 바탕으로 업계에서 경험을 쌓고 근대적 제약 기업을 설립한 인물이다. 그는 변비와 소화불량 치료에 효과가 있는 중약방(中藥方)을 사위에게서 얻었고, 여기에 몇 가지 다른 약재를 첨가하여 '백령기'라는 매약을 시장에 판매하였다. 그는 백령기를 남녀노소 누구나 건강을 보충하기 위해 복용할 수 있는 만능약이라고 광고하였는데, 임신 중인 부인·어린아이·청년·노인 누구나 백령기를 먹으면 '건강'에 도움이 된다는 것이었다. 그런데 백령기라는 이름에서도 알 수 있듯이 이 약은 '장수'라는 이미지와 연관되어 있었다. 그래서 백령기의 광고에는 '노인'의 이미지가 자주 등장하고 노인성 질환 치료와 원기 회복 등의 효과가 소개되었다.

"노인도 청년의 행복을 누릴 수 있다."
《新聞報》1926,10,30,, 1면.)

백령기-노인도 청년의 행복을 누릴 수 있다.

노인들은 수년간의 노심초사와 걱정으로 뇌가 손상되고 머리가 둔해지고 눈이 침침해졌다. 또한 신(腎)의 고갈과 요통으로 고생하며 혈이 손상되어(傷血) 원기가 고갈되었다. 또한 폐가 손상되어 숨이 차고 가래와 기침으로 고생한다. 그러니 노인들은 모두 뇌의 손상(傷腦), 정기의 손상(傷精), 상혈(傷血), 상폐(傷肺)로 건강을 잃게 된다. 청년은 뇌, 정, 혈, 폐 네 가지가 모두 건강하니 양기가 가득 차 노인들보다 병이 없는 것이다. 그러니 노인들은 항상 청년의 건강의 행복함을 부러워한다. 백령기는 20세기 최신 보양품으로 보뇌(補腦), 보정(補精), 보혈(補血), 보폐(補肺)의 뛰어난 효과가 있다. 노인이 복용하면 직접적인 보양 효과가 있으니 원기를 점차 회복하고 양기로 가득 찬 청년의 건강한 몸처럼 되어 건강한 행복을 누리게 된다. 연속으로 복용하면 바로 효과를 볼 수 있다. (《新聞報》1926.10.30., 1면.)

노인은 기혈이 모두 소진되어 내장이 허약하니 반드시 수시로 조리하고 보충하는 것이 양생의 방법이다. 바로 백령기는 정기를 보충해주는 약품으로 부작용이 없다. 백령기의 효과- 보혈: 피를 진하게 하여 각 부위를 건강하게 만든다. 보뇌: 심신을 안정시켜 걱정을 없앤다. 식욕증진: 식사량이 증가하고 원기가 충족된다. 윤장(潤腸 위장의 열기를 가라앉힘): 변비를 없애고 소화가 잘되게 한다. 40세 이상이 매일 백령기를 3회 복용하면 모든 병에 걸리지 않고 즉시 젊은 청년의 정신으로 돌아가는 신기한 효능이 있다. 한번 복용해 보면 알게 될 것이다.(《新聞報》 1927.8.20., 7면)

자녀들이여, 부모님은 이미 연로하여 예전만큼 건강하지 않습니다. 부모님이 추위를 타십니까? 이는 노쇠하여 인체의 혈액이 말라 가기 때문이고 백령기를 먹으면 혈액을 보충할 수 있습니다. 부모님이 만사를 귀찮아하십니까? 이 역시 두뇌가 쇠약한 것이니 백령기를 복용하게 하십시오. 부모님의 식욕이 줄었습니까? 식욕이 줄면 비장이 약해지고 뼈와 근육이 피로합니다. 백령기를 복용하십시오. 당신이 부모님을 건강하게 하고 싶다면 강력한 영양보충제인 백령기를 구입하십시오. 부모님은 자녀들이 백령기를 사다 드리면 배로 기뻐하실 것입니다.(《申報》1924.12.17., 4면)

황초구는 소위 '근대 중국의 광고 천재'로 갖가지 기발한 방

식을 사용한 사람으로 유명하며 그의 수완은 백령기 판매에서
도 잘 드러난다. 그는 노년층을 타깃으로 백령기를 활발하게
홍보하였다. 예를 들어 백령기의 판매를 촉진하기 위해 백령
회(百齡會)를 만들어 회원을 모집하고 회원 가입 상품과 증정
품, 특별 할인 등의 혜택을 제공하는 판촉 행사를 진행하기도
했다. 백령회의 결성을 알리고 회원을 모집하는 광고에서는
다음처럼 이야기하였다.

> 백령회가 설립되었음을 알립니다. 백령회의 회원들에게는
> 정기적인 복용 방법을 제공하여 편리함을 드리고 궁극적으로
> 이 약의 효능을 증명하여 세계적으로 100세 이상의 노인들을
> 더욱 늘리고자 합니다. 의학 원리에 따르면 백령기를 정기적으
> 로 복용하면 영원히 아무 질병에도 걸리지 않고 백령(百齡)을 누
> 릴 수 있게 됩니다. 의사의 실험보고서에도 백령기를 3년간 복
> 용할 때 체력이 강화되고, 수명이 증가했다고 하였습니다. 따라
> 서 백령회를 조직하게 되었습니다. 여러분이 계속 백령기를 복
> 용하여 모두 건강하고 늙지 않는 삶을 누릴 수 있기를 바랍니
> 다. 회원은 1,000명 한정이며 늦기 전에 기회를 잡으십시오.(《申
> 報》1927.2.10., 1면)

물론 당시 황초구의 '백령기'가 모든 노인성 질환을 치료하는 '만병통치약'일 가능성은 없었다. 다른 광고들에서는 백령기가 노인뿐만 아니라 어린이, 청소년, 임산부, 중장년 등 모든 나이대의 질병에 효과가 있는 만능 약으로 묘사되었다. 주로 '영양보충', '성장촉진', '기력쇄신' 등의 문구가 자주 나타나는 것을 보면 백령기는 자양강장제 정도의 약이었을 것이다. 그렇다면 사람들은 백령기가 정말 노화 방지와 장수에 도움이 된다고 생각해서 소비하게 되었을까? 당시 수많은 강장제, 장수약, 장생약의 유행은 무엇을 의미할까? 근대 이후 사회에서 노인의 건강과 장수는 어떤 의미였을까?

무병장수의 오래된 욕망

　이 글은 근대에 접어든 중국사회에서 노인 건강과 장수가 어떤 의미를 갖게 되었는지에 대한 호기심에서 출발하게 되었다. 동아병부의 모욕을 씻어내고 뛰어난 종을 육성해야 한다는 사명을 안고 있던 근대 중국사회에서는 '후대를 생산할 수 있는 건강한 몸'이 중요한 가치가 있었다. 이미 노인이 되어 후대를 생산할 수 없는 노인들은 여기에 해당이 되지 않았을 것이다. 그럼에도 불구하고 당시 신문과 잡지에는 노인의 건강과 장수에 대한 각종 '위생론', '건강론'이 실렸고 운동하는 서양의 노인, 서양 노인의 건강법이 소개되었으며, 노인을 대상으로 하는 각종 강장제와 '장수약', '장생약' 광고가 등장했다. 심지어 '노인건강대회'가 열리기도 했다. 이 시기 노인의 건강과 장수에 대한 관심을 단순히 '양생'과 '효'라는 가치의 연장으로 볼 수는 없을 것이다.

남경국민정부 시기 류루이형의 『신생활과 건강』에서는 당시의 '도구적 건강관'이 잘 드러나며 노인의 건강과 장수 역시 목적이 아닌 수단으로 대했음을 알 수 있다. 국민의 건강이 사회 발전에 공헌을 할 수 있는 것처럼, 노인의 건강한 몸과 장수는 중국의 위생 수준과 문명을 끌어 올릴 수 있는 수단으로 가치가 있었다. 이 시기 개최된 노인건강대회, 서양과 중국 노인들의 건강과 수명의 비교, 노인 건강법에 대한 관심과 홍보 등은 노인의 건강과 장수가 개인적 차원을 넘어 사회적 가치를 갖게 되었다는 것을 보여준다. 매체에는 운동을 통해 청년 못지 않은 근육과 건강한 몸을 갖게 된 노인, 백세가 넘도록 총명하고 활력을 지닌 노인을 등장시켰고, 이는 근대 사회가 원하는 이상적인 노인의 모습이었다.

그러나 실제 노인의 몸은 그렇지 않았다. 노년의 몸은 각종 질병에 시달리고, 때때로 무기력하고, 정신에 문제가 나타나기도 하였다. 당시 유행했던 강장제, 건강약, 장수약 등은 실제와 이상 사이의 틈에서 사람들의 건강과 장수에 대한 개인적인 욕망을 건드렸다. 근대의 건강약과 장수약은 전통적인 양생의 바탕 위에 새로운 과학, 의학의 건강 지식을 더하여 소비자들의 신뢰를 얻었고, 이 약을 통해 건강과 장수를 간단히 실현할 수 있다는 기대를 갖게 하였다. 지금의 우리의 모습과 비교해보면 어떨까. 우리가 생각하는 이상적인 노년의 건강이란 무엇인가.

이 이야기는 주로 20세기 초의 중국 사회를 다루었지만 현재의 우리 모습과 비교해서 생각해 볼 만하다. 끝으로 독자에게 몇 가지 질문을 드리면서 글을 마무리한다. 우리가 생각하는 이상적인 '건강한 노년'은 어떤 모습인가? 이상적인 건강한 노년의 모습에 대해 사회는 우리에게 어떤 정보를 제공하고 어떤 기대를 심어주는가? 우리는 어떤 기대를 하면서 노화를 방지하고 활력을 준다는 약을 구매하고 의료서비스를 이용하는가? 우리는 어떻게 잘 늙어갈 수 있을까?

02

20세기 음식, 영양 그리고 노령화

— 1960년대 노년학과 영양 프로그램

이 동 규

경희대학교 인문학연구원 HK+통합의료인문학연구단

HK연구교수

음식, 영양, 식생활

　인간이 생존하는 데는 의식주(衣食住)라는 기본적인 요소가 필요하다. 의식주는 모든 인간에게 필요한 기본적인 요소이지만, 개인이 소속된 집단과 공동체의 문화와 생활양식의 일부를 이룬다. 그중 먹는 행위(eating)는 생물학적인 생존을 위해 음식물을 섭취하고 소화하는 행위이다. 먹는 행위는 식량을 획득하고, 식품으로 유통하거나, 요리로 만드는 과정이 모두 결합되어 있다는 점에서 생태적이고 경제적이면서 생리적이다. 또한, 음식은 오랫동안 각 사회가 지녀 온 문화를 정확하게 대표하는 지표 중 하나이다. 음식에 대한 금기 혹은 특별한 의미가 부여되는 음식은 사회의 공포·혐오·규율·기념을 상징하며, 이를 통해 공동체의 경계를 구성하는 역할을 한다. 한 사회의 음식과 결부된 문화는 또 다른 사회의 그것과 차이와 유사점이 있으며 그 사이에서 경계가 구분된다. 음식 혹은 먹거리는 인간을 둘러싼 공간과 자원 속에서 배고픔이라는 욕구에 따라 선택된다. 무의식적인 선택은 개인적이면서 지극히 사회적이고, 경제적이면서 일견 정치적이며, 민속적이면서 동시에 현대적이다. 이 과정에서 보편적이고 절대적인 형태로 제시된 음식의 영양 정보는 과학적 정보에 그치지 않고 때때로 사회적 맥락에 따라 재해석되고 재정의된다.

음식을 선택하고 섭취하는 행위는 인간의 기본 행위이지만 이를 영양학과 연관 지어 사고하는 것은 비교적 근래의 이야기이다. 19세기 유럽과 미국을 중심으로 과학적 사고에 기반한 식품영양학이 출현했고, 이를 기반으로 3대 영양소인 단백질·탄수화물·지방을 확인하여, 각각이 지닌 열량에 따라 식단을 구성하도록 권장했다. 단백질을 섭취하고, 불포화지방산 함유 여부를 확인하고, 비타민을 구매하는 행위는 이러한 사고와 연결되어 있다. 또한, 트랜스 지방의 특성, 콜레스테롤의 위험성, 달걀의 영양학적 가치, 저지방 식단, 보충제에 대한 지식 등은 극단적으로 영양 정보가 수정된 여러 사례의 일부이다. 현대 사회를 살아가는 여러 사람들은 이러한 영양정보에 매우 민감하게 반응한다. 영양 정보는 의사·과학자·영양학자와 같은 전문가들이 생산·전파·통제하는 근대 지식의 일부이다. 영양 정보는 실험실에서 객관적인 지식의 형태로 발견되는 것으로 그치지 않고, 사회적 환경과 조건 속에서 당위적으로 작동하기도 하며, 종종 이념적 성격을 띠기도 한다.

과학적 정보로 구성된 영양 역시 그 이면에서는 그 사회의 문화적 기반과 사회적 의미에 따라 어떤 영양을 우선시하는가를 결정한다. 그런 이유로 어떤 음식도 심리적·사회적·문화적·역사적 의미와 떨어져서 구성되지 않는다. 특정 사회가 요구하는 영양정보는 그 사회의 필요와 요청을 반영하며 이는 매 시기 변화한다. 여타의 과학 지식과 의료 정보와는 달리 영양 정보는 가정, 학교, 혹은 개인적인 만남을 포함하는 일상적인 환경에서 낮은 수준의 문법을 채용하여 공공 지식의 한 부분으로 자리 잡았다는 점에서 큰 의미를 가진다. 19세기 유럽과 미국에서 영양학 지식이 등장한 사실, 제2차 세계대전 중의 국가 영양 프로그램, 그리고 20세기 후반 식습관의 사회 문화적 변화는 영양에 관한 지식과 담론의 사회적 의미가 개인의 일상에까지 큰 영향을 끼쳤음을 보여준다. 과학 담론에서 시작하여 국가 영양 프로그램 그리고 비만 퇴치 캠페인과 대체 식품 운동까지 좋은 식단과 좋은 식습관, 그리고 좋은 식생활이 무엇인가에 대한 영양학적 관심사는 사회적 동기와 맥락에서 정의되었다.

이 글에서는 음식에 대한 이해 중에서 영미권의 과학적 영양학 지식이 어떻게 식습관과 식생활에 대한 논의로 발전했는지 관찰하면서, 특히 1960년대부터 1970년대 미국 사회에서 부각된 노령화에 대한 정책적 대안으로 선정된 영양 프로그램을 둘러싼 학술적 논의를 고찰하고, 현대사회가 여전히 직면하고 있는 고령화에 대한 고민을 살펴본다.

근대 영양학의 발전

인류는 지난 몇 세기 동안 칼로리·비타민 등에 대한 영양 정보를 축적했고, 식사량을 측정하는 여러 단위를 사용하여 음식과 건강 사이의 관계를 만들어 왔다. 그리고 그렇게 축적된 영양 또는 영양에 대한 지식은 숫자로 표현된다. 숫자는 식량을 생산하고, 요리를 만들고, 식품을 구매하는 사람들의 행동을 설명한다. 그런 의미에서 숫자는 인간이 무엇을 얼마나 먹는지를 설명하는 기능적 언어를 넘어, 그 행위가 의미하는 바를 전달하는 사회적 언어이기도 하다. 또한, '좋은' 혹은 '나쁜'

영양은 절대적인 기준으로 결정되지 않고, 사회적으로 재해석되고 재정의된다. 트랜스 지방의 가공, 콜레스테롤의 위험성, 달걀의 영양학적 가치, 저지방 식단, 보충제에 대한 지식은 극단적으로 영양 정보가 수정된 수많은 사례의 일부이다. 어떤 음식물이 건강에 유용한가에 대한 정보는 현대에는 텔레비전에 등장하는 전문가들에 의해서 혹은 인터넷을 통해 유통되는 상식을 통해 혹은 지인과 지인이 서로 주고받는 덕담 속에서도 찾아볼 수 있다. 숫자는 식품·영양·건강에 관련된 인간 행동에 영향을 주는 '과학적 수사(rhetoric of science)'이다.(Jessica Mudry, p.8)

숫자를 이용한 영양 정보는 19세기 후반과 20세기 초반 유럽과 미국에서 과학혁명의 영향으로 인해 식품이 지닌 에너지를 측정하는 칼로리와 인체를 유지하는 영양 성분으로서의 비타민 등 주요한 영양학적 발견에서 시작했다. 19세기 중반 유럽의 경우는 독일의 화학자 유스투스 폰 리비히(Justus von Liebig, 1803-1873)가 영양학을 발전시킨 주요 선구자로 알려져 있다. 무기화합물 연구의 선구자였으나 동물의 영양 및 생리에 관심을 가지고 영양물을 분석하는 데도 크게 기여했다. '미국 영양학의 아버지'로 알려진 윌버 애트워터(Wilbur Atwater,

1884-1907)는 칼로리(calorie)라는 개념을 통해 과학적 맥락과 사회적 함의 모두에서 식품의 가치를 이해하는 기점을 제공했다. 칼로리는 물 1그램의 온도를 1기압하에서 1도 올리는 데 필요한 열량을 의미한다. 애트워터는 1800년대에 확립된 독일 화학자들의 연구를 바탕으로 미국에서 생산되거나 가공되는 2,000개 이상의 식품을 분석했고, 각 식품의 화학 성분을 측정하여 수분·단백질·지방·탄수화물·재(칼슘, 나트륨, 칼륨과 같은 무기질), 그리고 칼로리의 양을 정리했다.(Charlotte Biltekoff, p.16) 애트워터는 열량을 제공하는 영양 성분의 균형 잡힌 형태가 좋은 식단을 의미하며, 음식의 진정한 가치는 얼마나 많은 열량을 생산할 수 있는가에 있다고 보았다. 칼로리는, 같은 열량을 지니고 있다면 같은 가치가 있다고 평가하는 근거가 되었다. 19세기 미국 사회에서 애트워터의 칼로리 연구에서는 음식의 향, 식감, 맛의 가치는 무시되었고, 의례적 의미와 민족적 특성마저도 고려되지 않았다.(Naomi Aronson, pp.321-333; Hillel Schwartz, p.87; Dennis Roth, pp.32-37) 또한 당시 노동자의 임금을 계산하는 근거로도 사용되면서 미국 사회에 큰 영향을 주었다. 애트워터의 칼로리 개념은 사회운동과 결합하여 노동자들에게 '과학적으로 그리고 경제적으로 효율적인 영양 공

급'을 제공하는 근거로 사용된다. 애트워터는 경제적 비용 대비 열량 효율을 고려하여 가격이 저렴한 종류의 육류·콩·밀가루 등을 추천했고, 열량을 공급하는 데 부적절한 과일이나 야채는 추천하지 않았다. 심지어 설탕은 콩·치즈·양고기에 비해 가성비(cost-efficient)가 좋은 열량 공급원으로 꼽았다.(Gyorgy Scrinis, pp.123-124)

　20세기 초 비타민(vitamins)의 발견은 칼로리의 발견과 비견되는 중요한 영양학적 성과였다. 18세기부터 과학자들은 영양학적으로는 부실한 식재료가 괴혈병·구루병·각기병과 같은 특정 질병에 효능을 보인다는 사실을 인지했다. 각각의 질병에 레몬, 라임 혹은 간유(cod liver oil)를 처방하였으나, 치료 효과를 보이는 이유를 알지는 못했다.(Robyn Smith, pp.179-189) 당시에는 질병의 이유를 영양부족이 아니라 감염이나 전염으로 상정하고 있었다.(Barbara Griggs, p.36) 1912년 폴란드 화학자 카지미르 풍크(Casimir Funk, 1884-1967)가 미세 영양소를 가정하기 위해 'vital'과 'amine' 단어를 사용하여 '비타민(vitamins)'이라는 단어를 만들었으며, 같은 해 엘머 맥컬럼(Elmer McCollum, 1879-1967)이 예일 대학교 연구실에서 지용성(fat-soluble) 물질인 팩터A(Factor A)를 버터 등에서 찾아냈고, 팩터A의 부족이 시력이나 성장에 영향을 준다는 사실을 밝혀냈다. 이후 수용성(water-soluble) 물질인 팩터B(Factor B)가 열대 질병인 각기병과 관련이 있음을 확인했다. 이후 이들의 명칭은 비타민 A와 B로 명명되었다. 공공의료 측면에서 비타민의 발견은 칼로리보다 더 큰 의미가 있다.(Gyorgy Scrinis, pp.128-129, 132). 이러한 과학적 발견과 새로운 정보의 확립은 기존 식품과 식단의 영양학적 가치가 재평가되는 것은 물론이었고, 식생활에서 영양을 강화하기 위해 국가 계획이나 상업적 노력이 결합하는 계기가 되었다.

영양학을 넘어 식습관과 식생활로

음식을 섭취하는 것은 생명을 유지하기 위한 기본 행위지만, 동시에 사회적 의미와 심미적 의미도 있다. 결과적으로 음식을 먹는 행위는 사회적 과정이면서 삶의 형식을 다양화하고, 그러면서도 지극히 개인적인 의미를 내포한다. 영양소, 칼로리, 신체 건강 간의 관계를 연구하는 것은 평범한 식생활의 사회적, 문화적, 그리고 과학적 차원을 탐구하는 것이다. 이는 집단의 소비 관습 혹은 개인의 소박한 습관에 대한 통찰력을 제공한다. 그렇기 때문에 식생활은 비만·거식증·폭식증·다이어트에 관한 관심과 같은 개인 차원을 포함하며, 식량 부족과 기아 사태와 같은 사회적 의미까지 확장된다.

제2차 세계대전 이후 미국은 풍요의 시대를 맞았고, 이는 농업 분야의 비약적인 성장을 포함하고 있었다. 막대한 농산물을 생산한 결과 미국 정부는 식량을 배분하기 위해 여러 방안을 고안해야만 했다. 잘 알려진 바대로 미국은 해외 원조에 막대한 양의 농산물을 사용했으며 국내에서는 영양 문제를 개선하는 데 관심을 쏟았다. 미국 혹은 세계 어느 곳이든 불평등이 존재하는 경우, 이를 가리키는 가장 명시적인 지표는 각 지역의 사람들이 소비하는 식품과 영양 상태의 차이에서 드러났다. 과거 영양학자들은 영양소를 본질적으로 좋은 것으로 이해했다. 즉, 건강을 증진하고, 결핍으로 인한 질환을 예방하기 위해 모든 영양소를 적절히 섭취하는 것을 목표로 했다. 영양학자들은 신체 성장과 건강 유지를 위해 적절한 양의 영양소를 섭취해야 한다고 주장했으나, 풍요의 시대를 살아가는 미국인들에게는 특정 식품이나 영양소의 과다 섭취가 우려되는 상황이었다. 영양학자들은 1950년대부터 과다 영양을 경고하기 시작했고, 포화 지방이나 콜레스테롤과 같은 특정 영양소가 부정적인 영향을 줄 수 있다는 사실을 지적했다. 기존에는 영양소 자체를 많이 섭취하는 것이 중요하다고 여겼지만, 이제는 특정 영양소는 식습관에서 배제할 필요가 있다고 생각하게 되었다. 지방을 대신하여 탄수화물 특히 통곡물이나 채소와 같은 섬유질을 포함한 복합 탄수화물 식품을 추천했다. 20세기 초까지는 결핍을 피하기 위해 풍부한 영양 섭취가 권장되었고 육류·계란·유제품이 권장 식단에서 중요한 위치에 있었으나, 이제는 이들 식품을 과다 섭취하는 것이 건강을 위협하는 요소가 되었다. 이에 따라 1960년대에는 좋은 영양과 나쁜 영양을 구분하는 것이 중요해졌다. 정량화를 추구하는 영양학의 흐름을 비판하면서 식품과 영양에 대한 인식이 전환되었다.

영양에 대한 새로운 인식은 질병에 관한 관심이나 이해의 변화와 연결되어 있었다. 박테리아와 같은 단일 원인에 의한 감염성 질환과 달리 만성질환은 복합적인 원인과 결합된다. 미국의 농무부(US Department of Agriculture: USDA)와 미국심장협회(The American Heart Association: AHA) 같은 공식적 보건 기관들은 영양소를 계량하기보다는 만성질환을 줄이기 위한 연구로 전환하면서, 인식을 전환하는 데 주도적인 역할을

음식을 먹는 행위는 사회적 과정이면서 삶의 형식을 다양
화하고, 그러면서도 지극히 개인적인 의미를 내포한다.

했다. 영양학자들은 역학 정보를 이용하여 질병이 발생하는 위험과 요인을 분석하고 식단과의 인과관계를 추적했다. 역학 정보는 정량적 논의가 아닌 통계적 확률을 이용하여 영양소와 신체의 관계에 관심을 갖는 정보다. 특정 식품에 포함된 영양소의 과다가 문제가 된다는 사고를 통해, 식품을 섭취하는 것보다, 좋은 영양소와 나쁜 영양소를 구분하고 이에 따라 식습관을 적절하게 개선하는 것이 중요해졌다. 이로 인해 영양학이 공공 보건에서 더 중요한 위치를 차지하게 된 것이다.

식생활에 대한 논의는 1960년대와 1970년대까지 경험적 연구뿐 아니라 존재론과 인식론적 논의 속에서 철학적 문제로 간주되기 시작했다. 일례로 클로드 레비스트로스(Claude Levi-Strauss, 1908-2009)(1969)는 요리가 문화를 창조하는 주된 형태라고 주장했으며, 존재론적 측면에서 인간이 음식을 요리하거나 섭취하는 행위를 통해 인간 스스로와 문화를 결부시키게 되어 음식은 문화를 구체화한다고 보았다. 레비스트로스에게 식생활은 인간과 자연을 분리시키는 행위이면서 동시에 자연에 기반을 연결하는 행위였다.(Leon Rappoport, p.19) 단적으로 음식이 지닌 존재론적 중요성은 인간들이 지속적인 사회문화적 과정을 시작하는 기점이면서 이를 지속하는 근본적인 수단이다. 인식론적으로도 식생활은 중요한 의미가 있다. 페르낭 브로델(Fernand Braudel, 1902-1985)(1981)은 유럽 문명의 발전을 분석하면서 식생활의 역사적 진화를 핵심적인 요소로 보았다. 노르베르트 엘리아스(Norbert Elias, 1897-1990)(1978)는 사회적 계급과 연관된 문화적 의미의 식생활을 연구했다. 롤랑 바르트(Roland Barthes, 1915-1980)는 음식의 기호학적 의미를 탐구했다. 시플렛과 매킨토시(1986-1987)는 시간관과 노인의 식습관 변화의 관계를 조사했다.

음식과 식품에 대해 새로운 관심이 대두된 것은, 식습관의 다양한 측면에 대한 실증적 연구가 폭발적으로 증가하고 있다는 점에서도 알 수 있다. 이러한 관심은 일찍이 여러 학문 분야를 넘어서면서 학제간 융합을 지향했다는 점에서 의미가 있다. 의학 분야에서도 영양학자들이 주된 관심을 보이는 식품 소비에 구체적으로 관심을 가지면서 영양과 질병의 상호 연관성 및 영양 습관이 건강을 유지하는 데 얼마나 중요한지를 인식하게 되었다. 그리고 식생활의 사회적 심리적 함의는 인류학과 역사학에서 주요 분야로 등장했다. 이들 연구의 대부분은 음식 소비를 통해 다양한 가족 형태, 공동체의 문화적 가치와 조식 방식 등을 연결시켰다. 이러한 연구가 1960년대부터

1980년대까지 활발히 이루어졌다. 여기에는 특히 마거릿 미드(Margaret Mead, 1901-1978) 등의 인류학 연구를 시작으로 페르낭 브로델(Fernand Braudel, 1981), 크라우드 레비 스트라우소(Claude Levi-Strauss, 1969) 등의 연구가 포함될 수 있다. 또한 심리학과 사회학 분야에서도 식생활 연구를 다양한 각도로 시도했으며, 정신분석학자 역시 섭식 행동의 병리적 측면, 즉, 내재 된 적응 문제의 증상에 주목하여 임상 심리 영역으로 가지고 왔다.

1969년 하웰과 레브(Howell and Loeb) 역시 이러한 연구에 맞닿아 있었다. 하웰과 레브의 연구는 특히 고령자들의 식습관에 담긴 심리적 혹은 문화적 요인을 연구했다는 점에서 의의가 있다. 영양과 식습관의 문화적 기반에 주목한 이들의 연구는 1980년대 들어 노년학(gerontology)의 일부로 자리 잡았다.

식생활과 고령화

1960년대 이전까지 미국에서 고령화와 식습관 사이의 사회문화적 관계는 상대적으로 학자들의 관심에서 벗어나 있었다. 식습관에 대한 연구는 주로 신체적 건강과 관련시키거나 정신적 기능 혹은 사회적 활동성에 관한 내용과 연관 지어 진행되었으며, 고령화가 식품의 획득과 준비, 소비에 미치는 영향을 살펴보지는 않았다. 그러나 1960년대 특정한 역사적 조건 속에서 식생활과 고령화 문제에 관한 연구는 부족한 상황이었다. 먼저, 미국에서 식생활과 고령화 문제는 1960년대에 특정한 역사적 조건 속에서 등장했다. 당시 미국은 은퇴한 노인 인구가 급증하여 '회색의 미국(Graying of America)'이라는 현실에 직면했다. 사실 인구 고령화 문제와 그 영향은 이미 서유럽 국가에서 인구구조 전환이 가져올 광범위한 영향을 인지한 노년학자들의 작업에 반영되고 있었다. 그러나 고령화가 공공정책의 관심사로 떠오르면서 노년학자와 사회 서비스 제공 업체의 업무에 새로운 시급성이 부각되었다. 특히 1960년대 중반 이후 기아에 대한 선정적인 기사와 은퇴한 노인들의 모습이 자주 언론에 등장하면서 사회적 문제로 대두되었다. 고혈압, 당뇨병, 암, 뇌졸중 등 이른바 노화 질환에서 영양의 역할을 강조하는 새로운 의학 지식이 축적되면서 영양 연구에 관심이 높아졌다. 영양 과학자들은 자신의 지식과 기술을 실제 문제에 적용할 수 있는 이 기회를 환영했지만, 곧 식습관을 개선하는 일이 이 분야의 기존 지식을 뛰어넘는 일이라는 사실을 발견했다. 즉, 영양은 과학을 넘어서는 문제였다. 음식에 대한 질문은 항상 영양에 영향을 미치지만, 필연적으로 영양 그 이상을 수반했다. 바로 이 부분이 식생활과 노화에 새로운 관심을 불러일으켰다.

이를 반영하여 미국의 95차 국회 회기에서 최종적으로 통과되어 1961년 1월 아이젠하워 행정부 시기에 진행된 고령화에 대한 백악관 회의(White House Conference on Aging)에서는 고령화에 대한 연방정부 차원의 대책을 숙의하고, 시행 계획을 구체화하기 위한 적절한 재정을 마련하고자 했다. 당시 미국은 65세 이상 인구가 1,600만 명에 달했고, 인구학자들은 향후 40년 사이에 이 수치가 두 배에 달할 것으로 예측했다. 그리고 고령화와 관련된 사회, 경제, 그리고 보건 관련 문제 역시 지속적으로 늘어날 것으로 전망했다. 각 분야의 대표자 2,500명이 워싱턴 D.C.의 백악관 회의에 참여했고, 고령화와 관련된 주요 주제를 다루는 분과 회의를 개최하여 8개의 주요 의제를 다룬 보고서를 채택했다. 주요 의제에는 고령화에 따른 교육 문제, 고용 안정과 은퇴자의 건강 관리를 포함한 재정 관리, 종교, 재교육 등의 문제가 포함되었다. 그중 건강 관리에 관한 내용은 다섯 번째 항목으로 소득 관리와 연결하여 다루었다. 적

정한 수준의 고령자를 위한 건강 관리는 비용과 밀접한 관련이 있으며, 지역사회·주정부·연방정부와 같은 다양한 수준의 지원이 필요했다. 이를 위해 고령자·생존자·장애인 보험 체계(Old-Age, Survivors and Disability Insurance: OASDI)를 제시했다. 또한 1962년의 고령자 주택법(Senior Citizens Housing Act), 지역 보건 서비스와 시설법(Community Health Services and Facilities Act), 메디케어(Medicare)에도 영향을 주었다. 의료 고령화에 관한 백악관 회의는 1961년에 이어 1971년, 1981년, 1995년, 2005년 그리고 2015년까지 미국이 직면한 고령사회 문제와 해결책을 탐색하고, 의료보험 체계와 사회보장 체계를 점검하는 역할을 해 왔다. 1965년에 고령자 법안(The Older Americans Act)이 통과되면서 노년을 위한 공동체 중심의 영양 프로그램이 전국 단위로 등장했다. 이들 프로그램은 사회문제에 적극적이고 성공적인 공공정책으로 대응했다는 평가를 받고 있다. 또한 일련의 사회적 논의와 법안 제정 등은 노년층을 위한 영양에 다학문적 관심이 모이는 계기가 되었다.

식품을 소비하는 것에 대한 연구와 이론은 당연히 영양학과 의학 영역에 속하지만 이들은 건강을 과학적 시각으로 바라보았다. 이 시각에서 식생활에서의 문제는 개별 생명체의 기능을 저하시키고 나아가 질병이나 장애를 유발한다. 표면적으로 영양과 건강의 연결 고리는 의학의 영역이다. 그러나 시각을 확장해서 영양과 보건을 검토한다면, 특히 행동 사회적 맥락에서는 식품의 소비는 사회적 존재로서의 가치를 유지하고 공동체의 존재를 확인하는 근본적인 수단이기도 하다. 화이트먼(Whiteman)은 식품 혹은 음식을 공급하는 것은 영양학적 필요를 채우는 것 이상의 수많은 기능적 이유가 있다고 보았고, 무어(Moore)는 음식은 특권적·교환적 의미로서 혹은 사회적 의미 혹은 미학적이거나 창조적 만족을 위한 상징적 의미가 있다고 보았다. 혹은 하웰과 레브(1969)는 초자연적인 종교, 마술적 의미의 의례적인 혹은 법적인 기능을 갖추고 있다고도 보았다. 식품은 보건과 질병, 고통과 안녕, 의무와 쾌락, 선호와 금기의 경계를 가르고, 그 경계를 흐리게 하기도 하고 혹은 경계 양측의 관념과 태도를 특별한 방식으로 뒤섞기도 한다. 그리고 광범위한 문화적 신념 체계가 음식을 선택하거나 처방하고 특히 영양에 대한 인식에 영향을 준다. 그렇기 때문에 문화적 신념은 과학적 지식으로서의 영양에 대한 정보를 뛰어넘어서 작동한다. 그런 의미에서 음식에 대한 사고는 과거를 회상하고 현재에 위안을 삼는 노년층에게 더 큰 상징적 의미를 제공한다.

노년학자들은 노인의 건강에 영양이 얼마나 중요한지 재빨리 인식했다. 실제로 미국 노년학회는 많은 회원들의 활동을 통해 노인법(Older Americans Act)을 제정하고 영양 프로그램의 시행을 촉구하는 데 중요한 옹호자 역할을 했다. 1960년대에 이르러 노인학 연구자들은 식생활과 노화와 관련된 문제를 연구하는 데 전념했고, 하웰과 레브가 이 주제에 대한 결정적인 논문을 발표하여 이 분야에서 큰 주목을 받았다. 특히 행동과학 연구 영역에서 노년과 영양에 대한 다학문적 관심을 강조했다. 그러나 일상생활 수준에서 노년학과 의료 서비스 제공자는 곧 노인의 식습관이 변화에 매우 큰 저항력이 있다는 사실을 발견했다. 따라서 연구자들은 음식 선호도 및 식습관과 관련된 개인차를 조사하기 시작했다.

감각(미각과 후각)의 역치 변화, 정서(예: 우울증)와 식생활의 밀접한 연관성, 스트레스, 사회적 지원과 식생활의 관계, 식생활 행동과 문화적 및 사회적 구조적 요인의 상호작용과 같은 구체적인 문제에 대해 많은 것이 밝혀졌다. 정기적으로 실시되는 전국적인 설문 조사는 노년층의 식습관에 대한 데이터를 제공하게 되었다. 영양 과학자들은 다양한 식품의 영양소 가치에 대한 지식을 지속적으로 축적하고 있다. 그리고 다양한 분야의 의료 전문가들은 이제 식생활, 노화, 심리사회학적 웰빙이 밀접하게 연관되어 있다는 사실을 일반적으로 받아들였다. 그러나 다른 한편으로, 많은 연구가 여러 분야를 넘나들지 않고 각 분야 내에서 수행되었기 때문에 상대적으로 흩어져 있고 통합되지 않은 상태로 남아 있다. 연구 결과를 일반적인 음식 행동 이론과 연관시키려 하지 않고 특정 문제에 집중하는 경향이 지배적이었다. 한편 노인 식생활 연구를 위한 일반적인 생물 심리사회학적 틀도 마련되기 시작했다.

더 많은 행동과학 학자들과 영양사 및 생의학 당국자들이 영양과 노화의 다양한 문제에 대한 다학문적 행동 연구의 필요성을 인정하게 되었다. 노년학에서 사용할 수 있는 개념적 모델과 방법론이 점점 더 정교해지고, 음식과 노화 문제에 관심을 두는 학자들이 늘어나고 있다는 점에서 이러한 지적 환경은 매우 고무적이다. 가장 중요한 것은 음식이 인간의 삶의 경험에서 언제나 중심적인 구성 요소라는 인식이 확산되고 있다는 점이다. 따라서 식생활을 연구하는 것은 사람들이 삶의 환경에 어떻게 반응하고, 그 속에서 어떻게 희로애락을 인식하며, 어떻게 경험에 의미를 부여하는지를 이해하는 한 가지

노인의 식생활이 우리의 이론과 연구에 통합되지 않는
다면 노화에 대한 우리의 이해는 불완전할 것이다.

방법이다. 노인의 식생활이 우리의 이론과 연구에 통합되지 않는다면 노화에 대한 우리의 이해는 불완전할 것이다.

고령화 속 영양 프로그램의 의미

식품의 과학적 성질을 인식하여, 영양 성분을 기반으로 식생활을 구성한 것은 19세기 이래의 일이다. 영양의 발견은 식품이 지닌 문화적, 사회적 요소를 과학적 요소와 연결하는 매개가 된다. 영양의 차원에서 음식은 더 세밀한 단계로 나누어질 수 있고, 나누어지는 과정에는 과학적 분석과 단위에 대한 인식이 포함된다. 그러나 동시에 그 영양을 인식하는 배경과 조건은 사회적이면서 문화적이다. 사회적 조건에 의해서 특정 영양이 선택된다. 이러한 영양 정보는 음식에 대한 인식을 변화시켜 기존의 식생활을 근대적인 형태의 식생활로 바꾸는 데 기여했다. 영양 정보에 기반한 식생활에 대한 학문적 논의 역시 이와 함께 발전했으며, 1960년대 이후 미국 사회에서는 인구의 노령화와 맞물려 노년 관련 법안에 지역 영양 프로그램이 포함되었다. 노년학자들은 노년에 대한 다학문적 접근을 통해 노인의 건강에서 영양이 얼마나 중요한지를 인식했다.

03

와상노인환자의 욕창 돌봄기

김 현 수

경희대학교 인문학연구원 HK+통합의료인문학연구단
HK연구교수

와상과 2차적 신체 기능의 쇠약 그리고 욕창

국립국어원 『표준국어대사전』에 따르면, '와상(臥牀)'은 누워서 잘 수 있도록 만든 가구를 뜻하며 침상(寢牀)과 동의어이다. 누울 수 있는 평상(平牀)을 가리키므로 앞의 '와'가 뒤의 '상'을 수식하는 용법으로 사용되었음을 알 수 있다. 이와 다르게, 오늘날 의료와 간호 및 보건복지 영역에서 널리 사용되는 '와상'은 영어의 '병을 앓거나 노령으로 침상에 갇혀 있는', '질환이나 손상 때문에 침상에 머물러 있는' 혹은 '질환이나 손상 때문에 침상에서 벗어날 수 없는'을 뜻하는 형용사 'bedridden'을 우리말로 옮긴 표현이다. 국내에서는 1996년 한림대학교 의과대학 한강성심병원 내과학교실 노인병클리닉 교수이자 대한노인병학회 부회장이었던 유형준이 한국노년학회와 한국노년학회·대한노인병학회·한국노화학 연합학술대회에서 발표했던 같은 논문 「외상노인 환자에의 의학적 접근」에서 '외상'을 'Bed-ridden', '몸져누움'이라 한(김은심;안황란;배행자 1999: 33) 이후에 널리 정착된 것으로 보인다. 한문식으로 표현하면, '침상 혹은 병상에서 누워 지내는'을 뜻하는 '臥(於)牀'을 가리킬 것이다. 다만 당시 유형준이 채택한 '몸져누움'보다는 '자리보전(을 하고 있는)'이 외상의 의미에 더 근접하리라 이해된다.

와상의 원인은 신체적, 심리적, 사회적 요인에 이르기까지 다양하다. 신체적 요인으로는 질병을 들 수 있다. 뇌혈관의 장애, 골절 등으로 인한 기능장애, 치매와 파킨슨병, 변형성 관절염, 척추척수 질환, 만성 류마티즘성 관절 질환, 수술 후 외상, 노화에 의한 활동력 저하 등이다. 심리적 요인으로는 활동 의욕의 저하, 의존심의 증가, 정신 심리 질환이 있으며, 사회적 요인으로는 가족 내의 위치, 지역사회의 노인복지 상황 등을 들 수 있다.(김은심;안황란;배행자 1999: 33 참조)

그러나 질병이라는 신체적 요인이 외상의 한 원인이라고 할 때, 질병 그 자체가 외상의 원인이라 말할 수는 없다. 일반적으로 질병이 발생하면 무력(disability)해지고 허약(fragility) 상태가 되어 사망하게 되듯이, 질병에서 사망으로 바로 가는 것이 아니라 질병이 어떤 기능장애를 일으키고 기능장애 때문에 거의 움직일 수 없는 상태가 되는데, 이 상태를 와상이라고 할 수 있을 것이기 때문이다.(유형준;이영수;홍원선;이홍순;배철영;권인순;서혜경 1997: 7)

침상이 병상이 되고, 병상이 침상이 되어 그곳을 벗어날 수 없는 와상 상태는 그 자체로 문제 상황이다. 그러나 상당 기간 유지될 수밖에 없는, 특히 노인의 와상 상태는 재차 새로운 문제를 일으킨다. 그것은 바로 2차적 신체 기능의 쇠약이다. 유형준이 1996년 논문에서 이미 밝혔듯이, "노인들이 와상 상태가 되면 2차적 신체 기능 쇠약을 초래하며 이 중 가장 흔히 볼 수 있는 상태가 근육 위축과 근력의 약화, 관절 운동 이상으로 구축 상태(contracture)가 되며 뼈가 약해져서 골절이 되기 쉽고 욕창·실금·정신적 무력화로 치매가 올 수 있다."(김은심;안황란;배행자 1999: 29)

와상 상태가 초래하는 2차적 신체 기능의 쇠약 가운데 어느 것 하나 심각성이 낮은 문제는 없다. 그중에서도 욕창은 재가 돌봄의 와상노인환자에게 특히 문제가 된다. 애초에 와상 상태는 골절 등을 이유로 심신의 안정과 같은 필요성에 의해 진입하기도 하지만, 이 경우 치유 여부에 따라 해당 상태로부터 벗어날 여지가 있다. 그러나 대다수 노인환자들의 경우에는 질병이나 질환에 의한 기능장애로 거동이 불편하거나 심지어 불가능하여 와상 상태에 진입한다. 또한 노화에 따라 저하된 신체 기능이 더욱 쇠약해짐에 따라 해당 상태로부터 벗어날 가능성이 더욱 낮아진다. 게다가 환자는 때로 자신이 처한 와상 상태에 안주하려는 경향을 보이기도 한다. 가족 등 보호자의 돌봄 노력에도 불구하고, 운동성이 낮아진 와상노인환자에게 발생한 욕창을 제때 인지하여 적절한 처치가 제공되기 쉽지 않은 재가 돌봄의 경우에, 표피와 진피의 전층 피부 손상으로 피하층이 노출되는 3단계나 근막·근육·뼈·지지조직(건, 인대 등)이 노출되는 4단계에 도달한다면, 감염 등으로 인한 합병증의 발생 위험도 상승은 말할 것도 없으며, 치유 기간만큼 와상 상태는 더욱 장기화되고, 운동성 또한 더욱 낮아질 수밖에 없다. 이에 따라 2차적 신체 기능의 쇠약은 가속화하고, 욕창 발생 조건은 더욱 쉽게 갖추어진다.

이 글에서는 우측 하지 절단과 수술 후의 뇌경색증, 편마비로 재활 치료를 포함하여 5개월이 넘는 입원 기간 후에 퇴원하였으나, 독립적인 보행이 불가능했던 필자의 모친에게 발생한 욕창 돌봄의 기록을 정리하였다. 이 기록을 통해 욕창의 발생 과정 및 예방의 중요성을 이해하고 드레싱을 통한 기본적 처치까지 와상노인환자의 재가 돌봄에 미력한 도움을 기대한다.

욕창의 발생과 위험성

세계창상치유학회연합(World Union of Wound Healing Societies, WUWHS)의 정의에 따르면, '욕창(Pressure Ulcer, PU)'은 압력 또는 전단력(剪斷力)과 결합된 압력의 결과로서 뼈 돌출부 위의 피부 및/또는 기저 조직에서의 국소적 손상이다. 'Pressure Ulcer'의 대체 용어에는 'Bedsore', 'Decubitus', 'Decubitus Ulcer', 'Pressure Damage', 'Pressure Injury(PI)', 'Pressure Lesion', 'Pressure Sore'가 있다.(WUWHS 2016: 3 참조)

욕창은 내부의 경직된 해부학적 구조(뼈, 힘줄)와 외부 표면 또는 장치 사이의 피부, 피하지방 또는 근육과 같은 연조직의 지속적인 기계적 부하 및 변형에 의해 야기된다. 만일 변형의 강도와 지속이 개인의 생리적 수용력 및 변형된 조직의 저항력을 넘어서게 되면 세포가 죽고 괴사 부위가 발생할 것이다.(Kottner et al. 2018: 62)

욕창은 대부분 스스로 움직일 수 없는 환자에서, 2시간 정도의 짧은 시간에도 동일 조직에 압력을 가하게 되면 허혈에 의해 압박궤양이 발생하고, 환자를 바닥에 닿게 하여 이동시킬 때 마찰에 의해 창상이 발생하고, 또는 쏠리는 전단력에 의해 뼈 부분의 깊은 조직의 손상이 우선적으로 일어난다. 창상에서 습기가 과하면 염증이 확대되기도 하고, 또는 너무 건조해지면 작은 마찰력에서도 피부가 쉽게 손상을 입는다.(정희선 2021: 26 참조) 이 때문에, 환자의 체위를 2시간마다 변경하여 지속적으로 압력이 가해지는 특정 부위의 연조직에 혈류 공급이 원활하도록 도와 산소와 영양이 부족해지는 허혈(ischemia) 상태를 막아야 한다. 또한 환자를 들지 못하여 끌어서 이동시킬 때 마찰에 의한 창상과 전단력에 의한 기저 조직의 손상에 유의해야 한다. 전자를 위해서는 마사지가 도움이 될 수 있으며, 후자를 위해서는 피부를 습윤하게 하여 건조해지지 않도록 해야 한다.

한국질병분류 정보센터(KOICD)의 제8차 한국표준질병·사인분류에 따르면, 욕창은 피부 및 피하조직의 질환(Diseases of the skin and subcutaneous tissue) 가운데, 피부 및 피하조직의 기타 장애(Other disorders of the skin and subcutaneous tissue)에 속한다. 그리고 그 가운데 욕창궤양 및 압박부위(Decubitus ulcer and pressure area)에 따라 욕창궤양 및 압박부위 제1단계

(Stage I decubitus ulcer and pressure area), 욕창궤양 및 압박부위 제2단계(Stage II decubitus ulcer and pressure area), 욕창궤양 및 압박부위 제3단계(Stage III decubitus ulcer and pressure area), 욕창궤양 및 압박부위 제4단계(Stage IV decubitus ulcer and pressure area), 상세불명의 욕창궤양 및 압박부위(Decubitus ulcer and pressure area, unspecified)로 분류된다. 1단계는 홍반에 국한된 욕창(압박)궤양으로 옅은 색의 피부에서 궤양은 지속적인 붉은색의 한정된 부위(홍반)로 나타나고, 보다 어두운 색의 피부에서 궤양은 피부의 손실 없이 지속적인 붉은색, 푸른색, 또는 자주색 색조를 띨 수 있다. 2단계는 찰과상, 물집, 표피 및/또는 진피를 포함한 부분층 피부 손실, 피부 손실로 달리 분류되지 않음(NOS)을 동반한 욕창(압박)궤양이다. 3단계는 밑에 있는 근막까지 확장된 피하조직의 괴사와 손상을 포함한 전층 피부 손실을 동반한 욕창(압박)궤양이다. 4단계는 근육, 뼈 또는 지지구조(즉, 힘줄 또는 관절낭)의 괴사를 동반한 욕창(압박)궤양이다. 마지막은 괴사 조직으로 덮여 손상의 깊이를 알기 어려워 단계에 대한 언급이 없는 욕창(압박)궤양이다. 한 환자에게 단계가 다른 여러 부위가 있을 경우에는 가장 높은 단계를 기준으로 질병명이나 진단명이 붙게 된다.

3, 4단계를 비롯하여 심부 조직 욕창의 경우, 가능한 한 압력이 완전히 제거되어야 한다. 심부 조직 손상 욕창을 회복시키기 위해서는 많은 시간이 소요되므로 욕창 부위의 압력을 완전하게 제거할 수 있는 기기의 사용이 필수적이다.(병원간호사회 2022: 136 참조) 조직에 가해지는 압력, 온도 및 습기 조절이나 다른 치료적 목적으로 고안된 압력을 재분산하는 기기(매트리스, 침대와 매트리스 일체형 시스템, 매트리스 교체형, 깔개, 의자 쿠션 또는 의자 쿠션 깔개)를 지지면(support surface)이라 일컫는다. 환자가 지지면에 누워 있게 되면 환자의 몸은 지지면으로 가라앉게 되고 환자의 몸무게는 넓은 면적으로 분산되게 된다. 또한 환자 몸 형태에 맞게 지지면의 형태가 변하면 환자의 몸에 가해지는 압력을 더 고르게 분산시킬 수 있으며, 욕창이 잘 발생하는 뼈 돌출 부위에 압력이 집중되는 것을 감소시킬 수 있다. 지지면만으로 욕창을 치료할 수도 예방할 수도 없음은 물론이다.(병원간호사회 2022: 136) 그럼에도 전원 공급을 통해 공기를 주입하여 지지면이 주기적으로 올라갔다 내려갔다를 반복하는 교대 압력 매트리스와 같은 동적인 능동형 지지면이나, 공기·물·젤 등으로 채워져 압력을 분산시키는 정적인 반동성 지지면은 욕창 발생의 위험성을 감소시킨다.(병원간호

사회 2022: 137 참조) 따라서 욕창 예방 차원에서나 3, 4단계 욕창과 같은 경우에는 손상된 조직의 관류를 향상시키고 악화를 막기 위해 일반 매트리스 위에 반드시 교대 압력 매트리스나 공기 소실이 적은 매트리스를 사용할 필요가 있다.

욕창이 발생하는 최소 국소 압력은 35mmHg로 알려져 있는데, 교대 압력 매트리스의 경우에는 전체 몸에 가하는 압력을 25mmHg 이하로 줄일 수 있다. 공기 소실이 적은 에어매트리스를 적용하는 경우, 압력 재분산 효과로 환자에게 가하는 압력을 20mmHg 이하로 줄여 줄 수 있다. 천골, 미골 부위 욕창에서 튜브형 쿠션의 적용은 간헐적인 압력의 재배치가 원활하지 않아 주변 조직을 눌러 허혈을 유발한다 하여 적용을 추천하지 않는다.(정희선 2021: 27)

욕창은 패혈증과 사망의 원인으로 알려져 있다. 진행 중인 봉와직염, 농양 또는 심각한 감염이 있는 욕창의 경우, 배액 및/또는 괴사 조직을 제거하기 위해 긴급하게 수술을 의뢰해야 한다. 3, 4단계의 욕창은 많은 피부, 피하지방과 때론 근육이 손실된다. 뼈가 노출될 수 있고 이는 골수염의 위험을 증가시킬 수 있다. 보존적 치료와 함께 3, 4단계 욕창은 치유되는데 수개월에서 수년이 걸릴 수 있다.(병원간호사회 2022: 270 참조)

〈표 1〉은 건강보험심사평가원의 자료를 토대로 정리한 2008년부터 2018년까지 욕창궤양 및 압박부위(L89)의 분류 코드가 부여된 입원·외래 합계 환자 수이다. 2008년 이후 10년 만에 그 수가 2배 이상 큰 폭으로 증가했다.

연도	2008	2009	2010	2011	2012	2013	2014	2015	2016	2017	2018
환자 수(명)	12,524	13,305	15,451	17,380	18,827	20,016	20,903	21,882	23,585	25,526	26,988

〈표 1〉 욕창궤양 및 압박부위(L89) 입원·외래 합계 환자 수

〈표 2〉는 건강보험심사평가원의 자료를 토대로 정리한 2008년부터 2018년까지 욕창궤양 및 압박부위(L89)의 분류 코드가 부여된 입원·외래 합계 환자 수 및 성별·연령별 현황이다. 70세 이상 고령 노인환자가 가장 큰 비중을 차지하나, 10세 미만부터 80세 이상까지 다양한 연령대에서 성별과 상관없이 환자가 분포해 있다.

연도	2008	2009	2010	2011	2012
환자 수(명)	11,813	12,504	14,490	16,326	17,702
남자 전체	5,459	5,899	6,833	7,636	8,134
남자 10세 미만	26	80	46	72	56
남자 10~19세	68	80	88	125	111
남자 20~29세	114	154	150	170	191
남자 30~39세	207	208	244	262	274
남자 40~49세	393	397	425	440	452
남자 50~59세	618	644	702	778	799
남자 60~69세	1,183	1,180	1,298	1,392	1,427
남자 70~79세	1,639	1,798	2,198	2,494	2,690
남자 80세 이상	1,211	1,358	1,682	1,903	2,134
여자 전체	6,354	6,605	7,657	8,690	9,568
여자 10세 미만	27	78	48	57	25
여자 10~19세	45	51	67	87	74
여자 20~29세	106	125	111	104	118
여자 30~39세	119	142	158	162	188
여자 40~49세	183	194	181	232	254
여자 50~59세	350	360	417	420	452
여자 60~69세	815	834	882	936	953
여자 70~79세	2,008	2,101	2,333	2,666	2,894
여자 80세 이상	2,701	2,720	3,460	4,026	4,610
연도	2013	2014	2015	2016	2017
환자 수(명)	18,778	19,536	20,807	22,294	24,337
남자 전체	8,504	8,767	9,187	9,775	10,139
남자 10세 미만	80	88	102	92	86
남자 10~19세	146	133	157	153	159
남자 20~29세	209	196	241	235	215
남자 30~39세	258	255	258	293	297

남자	40~49세	468	435	422	427	431
	50~59세	814	866	846	879	820
	60~69세	1,363	1,289	1,311	1,378	1,397
	70~79세	2,840	2,952	2,980	3,034	3,075
	80세 이상	2,326	2,553	2,870	3,284	3,659
여자	전체	10,274	10,769	11,620	12,519	14,198
	10세 미만	73	80	76	88	65
	10~19세	120	90	126	108	108
	20~29세	176	153	171	133	185
	30~39세	223	162	194	179	195
	40~49세	280	270	238	261	253
	50~59세	478	441	453	480	469
	60~69세	864	886	827	850	860
	70~79세	3,044	3,113	3,222	3,292	3,498
	80세 이상	5,016	5,574	6,313	7,128	8,565

〈표 2〉 욕창궤양 및 압박부위(L89) 입원·외래 합계 환자 수 및 성별·연령별 현황

〈표 3〉은 통계청의 자료로 2016년부터 2019년까지 욕창궤양 및 압박부위(L89)의 분류 코드가 부여된 사망자 수와 연령별 현황이다. 한눈에도 80세 이상이 압도적으로 많은 것이 확인된다. 그럼에도 20대 이상에서부터 연령대를 불문하고, 사망자 수가 산재하는 것으로부터 욕창이 사망의 원인이 되는 위험성을 알 수 있다.

연도	2016	2017	2018	2019
사망자 수(명)	366	428	406	413
10세 미만	0	0	0	0
10~19세	0	0	0	0
20~29세	2	0	0	0
30~39세	0	2	0	0
40~49세	4	3	1	3
50~59세	10	9	16	10
60~69세	31	17	27	21
70~79세	83	85	94	71
80세 이상	236	312	268	307
미상	0	0	0	1

〈표 3〉 욕창궤양 및 압박부위(L89) 사망자 수 및 연령별 현황

모친의 욕창 돌봄기

모친은 심장부정맥이 있었다. 2022년 2월 24일 코로나19 백신 3차 예방접종을 위해 내원한 내과에서 높은 혈압과 가쁜 호흡 때문에 심전도검사를 요구했고, 검사 결과 심장부정맥 진단을 받아 심박동수와 심박출량을 감소시켜 혈압을 낮추고 심장 부담을 감소시키는 약과 혈액응고단백질 Xa를 직접적으로 억제하여 혈전 생성을 방지하는 약을 처방받았다. 부친의 장례식 이후, 모친의 건강 상태가 악화됐다. 약해진 관절 탓에 지팡이를 짚고는 보행이 가능했던 우측 다리 종아리 부위에 피

멍 같은 것이 보였다. 상사를 겪은 지 얼마 지나지 않은 터라, 과로 등으로 모세혈관이 터져 그리된 줄 알았다. 식사 등을 챙겨 드렸으나, 오래가지 않아 통증을 호소하며 자리를 보전해 눕고 화장실 정도를 겨우 다녔다. 실금 탓에, 이불 등을 빨고 말리며 식사를 챙겨야 했다. 보행이 어려워지니 병원을 모시고 갈 엄두도 나지 않았다. 결국 119 구급차를 불러 응급실로 모셨다. 처음에는 감염 등이 의심되었으나, 통증 때문에 움직여 댄 탓에 한참이 걸려 겨우 촬영한 CT 검사 결과 우측 하지 동맥 색전증으로 인한 괴사가 진행되어 있었다. 당일 늦은 밤, 응급으로 혈전제거술이 시행되었다. 2022년 12월 6일이었다. 이틀 뒤인 12월 8일 우측 무릎 아래 하지 절단이 시행되었다. 환부가 잘 아물지 않았으나, 12월 23일 절단 수술을 집도한 정형외과 회진에서 많이 좋아지고 있다던 말과 달리, 입원은 해를 넘겼다. 2023년 1월 4일 1센티미터 추가 절단을 위한 재수술이 시행되었다. 1월 6일 좌측 상지 편마비 증상이 나타났다. 뇌 CT 촬영 결과, 뇌경색증이었다. 이틀여 중환자실을 거쳐 다시 일반 병실로 옮겼다. 절단 부위 환부에 여전히 고름이 발생하여 1월 17일부터 간헐적으로 멸균 환경인 수술방에서 국소마취 후, 고름을 제거했다. 그럼에도 여전히 고름이 나왔다.

1월 21일부터 2박 3일간 명절을 지내야 하는 간병인과 교대하여 겨우 옆에서 지켜볼 수 있었다. 환부에는 고름을 빨아들이는 흡입 펌프기가 연결되어 있었다. 편마비와 섬망 등 운동 기능과 인지 기능의 저하가 확인되었으나, 전신마취를 필요로 하는 수술을 여러 번 한 탓인지, 급성기가 지나서 회복될 것인지를 알 방도는 없었다. 1월 30일 무릎 위로 재차 하지 절단이 시행되었다. 이후 환부가 겨우 정상적으로 아물기 시작했다. 재활 치료를 계획했으나, 장기간의 와상 생활로 12번 척추에 압박골절이 왔다. 시술을 하고 안정을 거쳐 재활 치료를 시작했다. 독립적인 보행이 불가능하여 우측 넓적다리 의지를 처방받았다. 4월 26일에 퇴원했다.

여전히 급성기이기는 하나, 4개월 20일의 입원 기간을 마치고 안정감을 줄 수 있는 자택으로 귀환하는 것이어서, 환자의 용태 변화 등 확인이 필요했다. 거동이 불가능하지는 않았으나, 휠체어를 이용하기 위해서는 안아서 들어올려야 했다. 좌측 상지의 편마비는 심하지 않았으나, 무의식적 손 떨림이 확인되었다. 몸을 세워 앉히면 등을 기댄 채 어렵사리 자세를 유지할 수는 있으나 눈을 떼도 될 정도로 안정적이지는 않았다. 장기간 와상 상태의 입원을 거쳐 전반적인 근력의 위약

(weakness)이 있기 때문이기도 하였으나, 특히 의식적으로 움직이고자 할 때, 좌측 상지의 반응이 즉각적으로 이루어지지 않았기 때문이다. 이에 따라 등을 기대앉은 상태에서 상체가 기울어 넘어질 때, 두 팔을 써서 자세를 되돌리거나 몸을 지지하지 못했다. 섬망은 여전히 간헐적으로 확인되었다. 독립적인 일상생활능력(Activities of Daily Living, ADL)의 회복을 도모하고자 하여도 근력 등의 체력이 전제되어야 하기에, 그 향상을 위해 충분한 휴식과 영양 공급을 당면한 과제로 삼았다.

　퇴원 후, 5월 2일과 3일 양일에 걸쳐 첫 외래 진료가 예약되어 있었다. 장기간의 입원 생활 중 다양한 증상들이 있었고, 여러 과의 협진이 이루어진 탓이었다. 거동이 매우 어려운 환자의 상태를 고려하여 2일의 3개과 외래 진료는 대리 진료를 진행했다. 전날과 마찬가지로 오전, 오후로 대기 시간이 제법 길었던 3일의 4개과 외래 진료 때는 오전부터 모친을 휠체어와 자차를 이용하여 모셨다. 점심을 가장 가까운 지하 식당에서 먹고 볕이 좋은 원내를 휠체어를 밀어 산책했다. 마지막 오후 진료를 한 시간여 앞둔 15시 반경, 반나절 넘게 휠체어에 앉아 있을 수밖에 없던 모친이 엉덩이가 쓰라리다고 하셨다. 병원 관계자들에게 문의했으나, 환자를 눕혀 쉬게 할 수 있는 공간이 없었다. 조금만 참으면 다 끝난다며 달래서 겨우 모든 외래 진료를 마치고 수납 처리를 한 후에 처방약을 수령하여 귀갓길에 올랐다. 자택 주차장 넓은 공간에 차량을 세우고 모친을 휠체어로 옮기니 보조석 시트가 젖어 있었다. 일단 모친을 집으로 모셔 기저귀를 교체하니, 미골 주위에 쓸린 듯한 창상이 보였다. 퇴원 때 병동 담당 간호사로부터 건네받은 피부 보호 크림을 발랐다. 외출 시, 휠체어에 올릴 쿠션과 여분의 성인용 기저귀를 챙겨야 한다는 것을 알지 못했다. 다만 후자는 챙겼더라도 마땅한 공간이 없어 실제 교체할 수는 없었을 것이다.

5월 6일 많은 시간을 누워 지내야 하는 모친을 위해 가정이나 병원 침대용으로 많이 쓰인다는 평매트리스를 구매하여 깔아 드렸다. 겉 소재가 얇은 합성피혁이기에 물이나 이물질 등이 스며들지 않는다는 설명도 매력적이었다. 거동이 어려워 패드와 기저귀를 사용하고 있어도, 양에 따라 혹은 뒤척이는 정도에 따라 대소변이 쉽게 묻었고 위생 환경을 고려할 때 청결 유지가 필수적이었기 때문이다. 매트리스를 절반 정도 덮을 수 있는 같은 소재의 방수천까지 두 개 구매하여 이중의 효과를 기대하였다. 그러나 소재 자체가 소변과 같은 액체의 침습이 전혀 안 되기는 해도 냄새가 배기도 하였기에, 방수천을

세탁해서 교체할 수밖에 없었다.

압력 재분산 효과가 있었을까? 개인적 판단으로는 전혀 그렇지 않다. 욕창의 진행에 따라 앉아 계시는 상황이 어려워졌다. 몸의 한쪽을 어딘가에 기대거나 옆에서 지탱해 주지 않으면 옆으로 쓰러질 정도였다. 조금이라도 편하게 식사하실 수 있도록 급하게 알아보고 의료용 전동침대를 구매했다. 식사 받침대가 딸린 2모터 전동식의 의료용 전동침대를 5월 24일 설치하면서 매트리스에 직접 누워 보니 강도가 70%인 중간 정도여서 쿠션감을 느끼기 힘들었다. 따라서 교대 압력 매트리스를 그 위에 추가로 설치하지 않는다면, 환자는 몸에 가해지는 압력을 고스란히 받을 수밖에 없었다.

〈사진 1〉은 5월 15일 모친의 미골 욕창 부위 사진이다. 비전문 의료인의 눈에도 욕창으로 보였다. 적어도 2단계 상태임을 알 수 있었다. 다행히 모친이 통증을 호소하지는 않았다. 퇴원 때 건네받은 피부 보호 크림만을 열심히 발라 드려서는 안 될 것 같았다. 당시에는 피부에 보호막을 형성해 마찰에 의한 상처를 예방하기 위한 크림임을 전혀 알지 못했다. 여러 지인들과 정보를 나눴다. 〈사진 2〉는 5월 18일의 욕창 부위 사진이다. 그나마 투명한 얼음장 같은 막으로 덮여 있던 부분이 소실

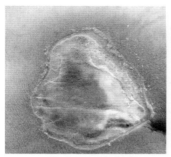 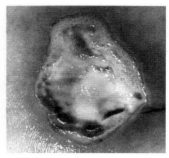

〈사진 1〉 모친의 미골 욕창(2023.5.15)　　〈사진 2〉 모친의 미골 욕창(2023.5.18)

되고, 녹아내린다는 느낌을 주었다. 5월 3일 외래 진료 당시 간호사에게 욕창에 대해 문의하여 성형외과에서 수술적 비보존적 치료를 한다고 들었던 터였다. 4개월 20일간의 입원 생활을 마치고 귀가한 지 한 달도 되지 않은 시점에 다시 수술대 위에 오르게 할 수는 없었다.

5월 16일 저녁 지인 가운데 한 명으로부터 자신의 모친이 경험한 욕창 이야기를 전해 들었다. 유근피(왕느릅나무의 껍질) 가루를 환부에 도포하고 덮어 두었더니 얼마 지나지 않아 꾸덕하게 나았다는 것이었다. 민간요법이든 아니든 보존적 치료를 고려한 상황이었기에, 물품을 수령한 5월 18일 해당 방법을 시도했다. 대소변이 묻기 쉬운 위치에 환부 크기가 7×7평방센

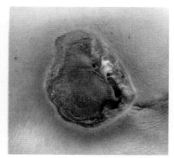

〈사진 3〉 유근피 가루 도포(2023.5.15)   〈사진 4〉 모친의 미골 욕창(2023.5.24)

티미터는 되었기에, 약국에서 잘라 쓸 수 있는 큰 크기의 방수
테이프를 사 왔다.

〈사진 3〉은 유근피 가루를 도포하고 방수테이프를 붙인 모
습이다. 〈사진 4〉는 6일 후의 욕창 상태이다. 가루 자체가 수
분을 흡수했기 때문인지, 진물 등의 조직액이 굳어진 가피
(eschar) 상태가 되었다. 다만 틈으로 보이는 안쪽의 빈 공간에
신경이 쓰였다. 또한 방수테이프를 붙였어도 미골 쪽으로 완
전한 접착이 이루어지지 않아 가루 상태든 물에 갠 상태든 유
근피가 삐져나왔고, 모친이 몸을 뒤척일수록 벗겨졌다. 하루에
한 차례든 두 차례든 상황에 따라 새로 도포할 수밖에 없었다.

환부의 가장자리 안쪽에 새로운 살이 올라오는 듯하였다.

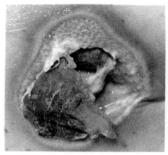 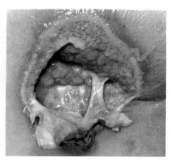

〈사진 5〉 모친의 미골 욕창(2023.5.31)　　〈사진 6〉 모친의 미골 욕창(2023.6.2)

실제로 그러했지만, 가피가 환부에서 분리되기 시작했고, 그
안의 빈 공간이 컸다. 5월 29일 동틀 녘이 가까워서야 잠시 눈
을 붙인 사이에 모친이 낙상했다. 침상에서 내려오려다 안전
바가 없는 틈으로 낙상한 것인지 달리 낙상한 것인지 알 수 없
었다. 아물던 상처가 다시 상처를 입은 듯했다. 〈사진 5〉가 5
월 31일, 〈사진 6〉이 6월 2일 모친의 미골 욕창 상태이다. 이즈
음에 모친은 통증을 호소하기 시작했다. 다만 그 또한 낙상을
겪은 탓인지 지금에도 원인은 알 수 없다. 다행히도 5월 31일
장기요양인정서가 발급되었고, 방문요양과 방문간호를 포함
하는 장기요양급여 이용 계약을 체결하였다.

6월 3일 방문간호가 시작되었다. 일반인이 함부로 손댈 수

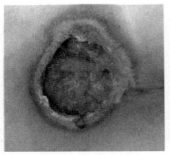 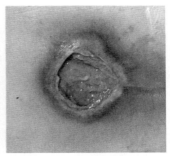

〈사진 7〉 모친의 미골 욕창(2023.6.9) 〈사진 8〉 모친의 미골 욕창(2023.6.26)

없는, 괴사된 조직과 연결되어 완전히 분리되지 않은 가피를 무균 처리한 주삿바늘로 절개하였다. 그러고는 멸균생리식염수에 적신 코튼볼을 포셉으로 집어 욕창이 어느 정도 진행되었는지 확인하면서 농을 닦아 냈다. 〈사진 7〉이 그 후의 모습이다. 이후 습윤한 환경에서 육아 조직들이 재생될 수 있도록 쿠션 역할을 겸할 메디폼을 환부 위에 올리고, 그 위에 멸균거즈를 덮은 후에 방수필름테이프로 고정하였다.

적절한 드레싱 처치, 잦은 체위 변경, 모친의 건강 상태 등 회복을 좌우할 여러 요인들을 고려할 때 욕창이 더 진행하여 뼈까지 드러날 수 있는 상황이었다. 방문간호센터의 판단에 따라 가장 시급한 교대 압력 매트리스를 6월 5일 설치하였다.

일주일에 두 차례 방문간호가 이루어졌으나, 가급적 매일 적어도 이틀에 한 번 드레싱을 할 필요가 있다고 하였다. 환부 내에서 배어 나오는 삼출물을 메디폼이 일정 정도 흡수하더라도 표피와 진피가 노출되어 감염이 일어나기 쉬운 환경이었기 때문이다. 더구나 거의 떨어지지 않는다고 한 수입산 방수필름테이프도 모친의 뒤척임에 의해 어느샌가 부분적으로 떨어져 들떠 있었고, 변에 의한 감염 또한 걱정이었다. 방문간호가 없는 날에는 가급적 필자가 드레싱을 직접 하였다. 〈사진 8〉에서 볼 수 있듯이, 6월 하순에 가까워질수록 환부의 살이 차오르는 것이 눈에 띄게 확인되었다. 다만 필자가 드레싱 할 때 조금씩 엉겨 붙은 조직액을 제거하려 하면 모친이 통증을 호소하여 방문간호 때에나 제거가 가능했다.

피부 재생을 위해서는 단백질 섭취가 필수적인데 모친이 육류를 드시지 않아 계란, 두부, 두유, 요거트, 치즈, 번데기에 이르기까지 식단에 신경을 썼다. 7월 11일부터는 메디폼의 크기를 줄이고, 습윤 환경 조성에 도움이 되는 듀오덤을 그 사이에 얇게 펴 발랐다. 다시 메디폼 위에 멸균거즈를 올리고 방수필름테이프로 고정하였다. 9월 초부터는 방수필름테이프 대신에 부드러운 소재의 부직반창고로 대체하였다.

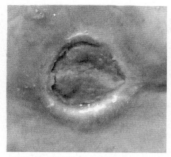

〈사진 9〉 모친의 미골 욕창(2023.7.15)

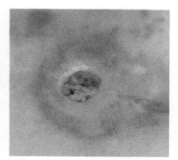

〈사진 10〉 모친의 미골 욕창(2023.8.15)

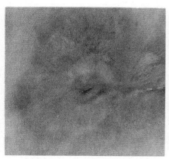

〈사진 11〉 모친의 미골 욕창흔(2023.9.3)

〈사진 12〉 모친의 미골 욕창흔(2023.9.18)

욕창 상태가 호전되어 방문간호가 일주일에 한 차례로 바뀌었을 때부터 드레싱을 이틀이나 이틀 반에 한 번 했는데 9월에 들어 욕창흔이라 부를 수 있을 정도로 욕창 상태가 좋아졌다. 다만 미골 주위는 애초에 살이 많지 않은 부위이기에, 사흘에 한 번 정도로 드레싱을 했다. 9월 18일 미골 욕창의 드레싱을 종료하였다.

와상 상태의 장기화와 2차적 신체 기능 쇠약의 가속화

끝난 줄 알았던 욕창과의 싸움이 다시 시작되었다. 다만 미골 부위가 아닌 종아리 바깥쪽에 아주 국소적으로 발생했다. 미골 욕창이 많이 호전된 무렵부터 지속된 와상 상태의 모친은 자꾸 무릎을 구부린 채, 침상의 안전바에 다리를 기댔다. 며칠을 지켜보다가 안 되겠다 싶어 쿠션을 깔고 무릎을 펴게 했다. 얼마 지나지 않아 다시 무릎을 구부리고 펴려 하지 않았다. 근육이 위축되면서 관절의 가동 범위가 줄어들어 무릎을 펴지 못하는 구축 상태가 걱정되었다. 저주파 마사지기를 쓰고 어르고 달래서 에어쿠션 위에 수건을 깔고 다리를 올리게 하였다. 패드 교체 등을 위해 몸을 옆으로 눕히면, 다리가 아프

다면서 무릎을 굽혔으나, 누운 상태에서는 힘이 들어가지 않는다며 다리를 거의 움직이지 못했다. 서두에서 이미 언급한 바와 같이, 오랜 와상 상태로 인해 2차적 신체 기능 쇠약이 가속화하여 새로운 욕창 발생의 조건이 더욱 쉽게 갖추어진 것이었다.

2단계이기는 하나, 다행히 환부 크기가 작고 더 확장되지 않고 있다. 마사지로 혈류 흐름을 자극하면서 멸균생리식염수로 환부를 세척하고 삼출물을 흡수하면서 쿠션 역할을 해 주는 메디폼을 올린 후에 부드러운 소재의 부직반창고로 고정하고 있다. 종아리 외에도 발뒤꿈치와 발등 날 또한 다리를 움직이지 못하는 탓에, 지속적으로 1단계 상태이다. 퇴원 때 병동 담당 간호사로부터 건네받은 피부 보호 크림은 그 용도가 피부에 보호막을 형성해 마찰에 의한 상처를 예방해 주는 것이어서, 심지어 입원 기간부터 1단계 홍반이 나타났던 발등 날 부위에 필요한 것이라는 걸 이제는 안다.

거동이 자연스러운 이들에게 욕창은 먼 나라 이야기일 수도 있다. 그러나 2025년 초고령사회 진입을 얼마 남겨 두지 않은 이제는 좀 더 많은 사람들이 욕창을 이해하고 그 위험성에 대비해야 할 필요가 있다.

04

베이비 붐 세대의 특징과 소통

조 민 하

경희대학교 인문학연구원 HK+통합의료인문학연구단
HK연구교수

베이비 붐 세대와 소통의 중요성

베이비 붐 세대는 주로 1955~1963년 사이에 태어난 거대 인구 집단을 뜻한다. 한국전쟁 이후 전쟁으로 감소한 인구를 보완하기 위해 정부에서 출산 장려를 시작하면서 급격히 출생아가 증가하기 시작하였고, 1963년 출산 억제 정책인 가족계획이 효력을 발휘할 때까지 이와 같은 추세는 지속되었다. 이들의 출생에는 전쟁 이후의 사회적 안정에 대한 기대, 미루어 두었던 출산에 대한 욕구, 의료 기술의 발달 등이 공통적 요인으로 작용하였다. 이 세대는 약 713만 명으로 대한민국 인구 중 14.6%를 차지한다.

베이비 부머 1세대에 속하는 1955년생이 2020년부터 노인 인구로 편입되면서 한국은 2025년에 고령자 인구가 전체 인구의 20% 이상이 되는 초고령 사회로 진입할 것으로 예상된

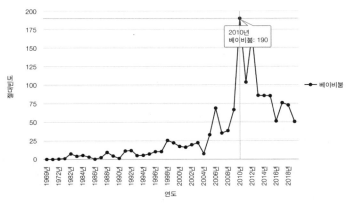

〈그림 1〉 동아일보 코퍼스 '베이비 붐'의 관련 보도 자료 추이

다. 베이비 붐 세대가 모두 노인으로 편입되는 2028년에는 노인이 전체 인구의 28%를 차지할 것으로 예측된다.(통계청 추계, 2023) 거대 인구 집단이 모두 노인 인구가 되는 5년 후, 우리 사회는 어떠한 모습을 띠게 될까? 베이비 붐 세대의 은퇴에 따른 인구구조의 변화, 사회 경제적 전환에 대한 대비, 삶의 질을 높이기 위한 다양한 모색은 이미 오래전부터 있어 왔다.

고려대학교 민족문화연구원의 디지털인문학센터가 제공하는 동아일보 코퍼스를 보면 이와 같은 사회적 움직임을 탐지할 수 있다. 1920~2019년까지 100년간의 동아일보 보도 자료

[?] 신문에 보면 **베이비붐** 세대와 이들의 은퇴와 관련된 기사가 많이 나옵니다.

베이비붐 세대란 정확히 어느 세대를 말하는 것이며 이들이 은퇴하는 것이 사회적으로 중요하게 여겨지는 이유는

베이비붐 세대란 일반적으로 출산율이 높은 시기에 태어난 세대를 표현할 때 주로 쓰는 표현입니다.

한국 사회에서 **베이비붐** 세대란 1955~63년에 태어난 사람들을 뜻합니다.

현재 나이가 47~55세인 사람이면 **베이비붐** 세대에 해당된다고 볼 수 있습니다.

통계청에 따르면 **베이비붐** 세대는 총 712만5347명으로 전체 인구에서 14.6% 정도를 차지합니다.

베이비붐 세대는 이들의 부모 세대처럼 전쟁이나 일제강점기를 직접 경험하지는 않았습니다.

물론 **베이비붐** 세대 중 일부는 이미 자의든 타의든 은퇴를 하기도 했죠.

일반적으로 기업들의 집중적인 구조조정 대상 연령이 40대 중반 이상부터라는 점을 감안할 때 **베이비붐** 세대 전체

우려스러운 것은 **베이비붐** 세대의 은퇴 뒤 예상되는 모습이 썩 긍정적이지만은 않다는 점입니다.

우선 **베이비붐** 세대들은 기대 여명이 30~37년으로 예상되지만 노후를 위해 모아 놓은 자금이나 노후에 새로 자금

이런 **베이비붐** 세대의 집중적인 은퇴시기를 맞아 정부와 기업들도 많은 고민을 하고 있습니다.

시기적으로 늦었다고 할 수 있지만 지금부터라도 정부와 기업이 앞장서서 **베이비붐** 세대들의 은퇴 준비를 위한 교

을 씨는 자신과 같은 **베이비붐** 세대 퇴직자들이 퇴직 후 작은 집으로 이사하고, 여기서 나오는 돈으로 노후를 대비

6·25전쟁 이후 태어난 **베이비붐** 세대들의 퇴직이 본격화되면서 신규 창업수요가 살아나고 있는 데다 정부가 프랜차
다.

를 단어 빈도 차트, 공기어 분석 도구, 용례 검색기를 활용하여 분석할 수 있다. 위 〈그림 1〉은 해당 코퍼스에서 '베이비 붐'이 라는 키워드를 검색하여 이에 대한 빈도 추이를 도표로 나타 낸 것이다. 1955년생이 노인 세대로 편입되는 2020년보다 10

년 앞선 2010년에 '베이비 붐'이라는 표현이 신문 보도에 자주 등장하게 된다.

보도 자료의 용례를 보면 주로 베이비 붐 세대의 은퇴에 따른 경제적, 사회적, 상업적 전망과 우려가 언급된다. 베이비 붐 세대들은 노년을 위해 현금보다는 연금에 의존하거나 살고 있는 주택을 팔아서 생활해야 하는 경우가 많다. 지속적으로 경제활동을 하기 위해 퇴직금으로 무분별한 창업을 추진하게 될 것에 대한 염려도 드러난다.

아래 〈그림 2〉는 동일 기관이 제공하는 '물결21' 코퍼스에서 '베이비 붐'을 검색하여 그 사용 빈도 추이를 보인 것이다. '물

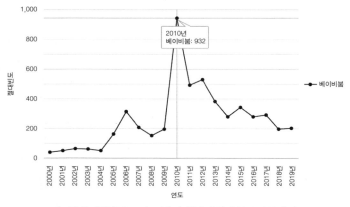

〈그림 2〉 '물결21' 코퍼스 '베이비 붐'의 관련 보도 자료 추이

결21'은 2000년에서 2019년까지 20년 동안 《동아일보》, 《조선일보》, 《중앙일보》, 《한겨레》에 실린 보도 자료를 제공한다. 동아일보 코퍼스보다는 짧은 시기의 데이터에 한정되지만, 주요 신문사의 보도 내용을 모두 분석할 수 있어 한국의 언어·사회·문화적 변화 추이를 좀 더 객관적으로 살필 수 있다는 장점이 있다. 2010년에 '베이비 붐'이라는 키워드가 932번 나타나 대상 자료에서 이 시기 베이비 붐 세대에 대한 이슈가 중요한 사회적 관심사였다는 것을 알 수 있다.

해당 용례를 보면 베이비 붐 세대와 다른 세대 간의 차별성이 거론된다. 베이비 붐 세대는 386세대와 G세대와는 달리 타인의 인정과 명예, 권력을 중요하게 생각한다. 산업화 시기 압축 성장을 경험한 베이비 붐 세대는 정치·경제를 주도했으나, IMF의 직격탄을 맞아 위기를 맞기도 했다. 부모를 봉양하고 자녀의 양육을 책임져야 하는 '끼인 세대'로서의 고달픔도 언급된다. 경제적 부담을 도맡고 있는 베이비 붐 세대는 노후 자금이 부족할 수밖에 없고 꾸준히 수입을 창출하기 위해 창업을 통해 일자리를 마련해야 하는 과제를 안고 있다.

베이비 붐 세대에 대한 사회적 관심은 이들이 은퇴 후 노년의 질 높은 삶을 살아갈 수 있는 방안을 고민하는 차원으로 이

G세대에 앞서 한국사회에 등장한 집단은 ▲전후에 태어나 압축성장 시대에 청년기를 보낸 **베이비붐 세대**(1955~1963년생) ▲민주화 ㄱ

드라지기를 선택한 X세대(1970년대생) ▲컴퓨터와 인터넷을 자유롭게 활용하기 시작한 N세대(1970년대 말~1980년대생) 등이 있다.

이 교수는 "집단적 빈곤과 독재를 경험한 **베이비붐 세대·386세대**와 달리 G세대는 전반적으로 룰(rule)이 확립된 사회에서 성장했다"며

베이비붐 세대인 서울대 자유전공학부 한경구(54) 교수는 "윗세대와 G세대 사이엔 근본적인 차이가 있다"며 "윗세대는 '지구는 넓고 오

중앙대 국제관계학과 김호섭 교수는 "**베이비붐 세대·386세대**는 '내가 남의 눈에 어떻게 비칠까' 하는 고민을 많이 한 반면, 운택하게 자

베이비붐 세대와 초기 386세대로 구성된 부모 세대는 같은 질문에 대한 응답에서 "명예와 권력을 얻는 삶", 바꿔 말해 '타인의 인정을 된

[만물상] 베이비붐 세대 회장

▶ 우리 베이비붐 세대는 6·25 직후 1955년부터 산아제한정책 전 1963년까지 태어난 712만명을 가리킨다.

▶ 미국과 일본 베이비붐 세대는 무풍지대를 가득 정치·경제의 주역과 실세 자리를 누렸지만 우리는 '낀세대'로 불린다.

· [베이비붐 세대 '2010년 쇼크'] [2] 30년 일한 직장인의 경우

· [베이비붐 세대 '2010년 쇼크'] 베이비붐 세대 절반은 국민연금 가입 안해... 기댈 언덕도 없다

· [베이비붐 세대 '2010년 쇼크'] 중년 남성 재취업은 '하늘의 별따기'

· [베이비붐 세대 '2010년 쇼크'] 70년대 산업화 주역 IMF 직격탄 맞기도

· [베이비붐 세대 '2010년 쇼크'] [1] "노후자금 4억 필요한데 모아둔 돈은 5000만원"

· [베이비붐 세대 '2010년 쇼크'] 311만명 '준비 안된 은퇴' 시작

· [베이비붐 세대 '2010년 쇼크'] 미(美)·일(日)도 베이비붐 쇼크 있지만... 한국이 '후폭풍' 가장 크다

· [베이비붐 세대 '2010년 쇼크'] 수입은 없고, 쓸 덴 많고... "오래사는 게 무섭다"

경제구조의 고도화로 '고용 없는 성장'이 지속되고 있고, 올해부터 '베이비붐 세대'가 본격 회직을 시작하는 만큼 창업을 통해 일자리를

행된다. 한국가정법률상담소에서는 2010년 6월 베이비 붐 세대의 은퇴가 본격화되면서 관계적 차원의 위기를 겪고 있는 이들의 사회적 해결책을 제시하기 위한 심포지엄을 개최하였다. 그간의 언론 보도에서는 주로 베이비 붐 세대의 경제적·사

회적·상업적 측면에 관심이 집중되었으나, 이 심포지엄에서는 가정 문제 특히 부부간의 갈등 문제를 중요하게 다루었다. 베이비 붐 세대의 삶의 질은 부부간의 원활한 소통 여부에 따라 달라진다고 본 것이다.

〈위기의 베이비 붐 세대, 사회적 해결책은 있는가?: 끼인 세대로 태어났습니다. 그러나, 그리고, 그런데〉라는 주제로 이루어진 심포지엄의 내용을 간략하게 소개한다. 베이비 붐 세대의 은퇴가 본격화되면서 혼인 생활 특히 부부간의 갈등 문제가 새로운 문제로 등장할 가능성이 커질 것으로 예측되나, 이에 대한 사회적 논의가 미진한 실정임을 지적한다. 베이비 붐 세대의 특성과 부부 관계를 올바르게 이해하고 성공적인 부부 관계를 유지할 수 있는 방안을 찾고자 1953년에서 1963년까지 태어난 남녀 1,013명을 대상으로 구조화된 질문지를 이용하여 대면 조사를 실시하였다.

베이비 붐 세대의 부부 관계는 20년 이상이 81%, 30년 이상이 12.9%로 주로 20년 이상을 함께 살아왔다. 그러나 이들 중 45% 정도가 부부 관계를 형식적으로 유지하거나 체념적으로 받아들이고 있어 결혼 만족도가 낮은 것으로 조사됐다. '부부 관계는 운명', '이혼한다고 좋은 것이 없으므로', '살아온 세월이 아까워서'와 같은 태도로 부부 관계를 인식하고 있다. 부부 갈등의 주된 원인은 경제적 문제와 의사소통 문제였다. 응답자의 62.5%가 부부 간 갈등이 가끔 혹은 자주 있다고 답했으나, 이에 대한 해결 방식은 바람직하지 않았다. 배우자 일방의 뜻대로 끝나거나 갈등 상황을 무시하고 각자 행동하는 경우가 40%에 달했다. 바람직한 의사소통의 부재는 노년기 부부 관계의 지속성을 유지하는 데 문제 요인이 될 수 있다.

베이비 붐 세대는 부부 관계 이외에도 은퇴 후 새로운 노동 시장에서 오랜 기간 중요한 역할을 담당하게 될 것이다. 변화된 환경에서 세대 간 의사소통이 원활하게 이루어질 때 직무 역량을 충분히 발휘하고 직무 만족도도 높일 수 있다. 각 세대는 저마다의 삶의 배경이 다르듯 그 가치관과 생활 양식에서도 차이를 드러낸다. 베이비 붐 세대와 다른 세대 간의 차이점을 올바로 이해하고 상호 존중의 의사소통 방식을 익혀감으로써 질 높은 노년을 준비할 수 있게 될 것이다.

정체성과 사회 문화적 특성

베이비 붐 세대의 정체성을 규명하기 위해서는 먼저, 기존

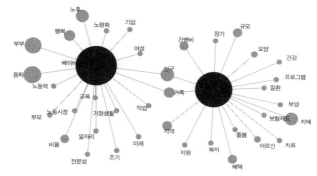

〈그림 3〉 '베이비 붐 세대'와 '노인'의 관련어 비교

의 '노인' 세대와 구분되는 베이비 붐 세대의 특징에 주목할 필
요가 있다. 이를 위해 빅데이터 기반 코퍼스를 분석해 보았다.

썸트렌드(https://some.co.kr/)에서 제공하는 자료를 활용
하여 '베이비 붐 세대'와 '노인'의 관련어를 추출하고 이를
Palladio로 시각화하였다. 분석 자료는 최근 3개월(2023.9.25.~
2023.12.24.)간의 보도 자료와 블로그 글을 대상으로 하였다.
보도 자료는 시사적인 이슈에 대한 객관적 사실을 전달하며,
블로그 글은 시사적 이슈를 다루되 당시 대중의 시각을 파악
할 수 있는 자료이다.

위의 〈그림 3〉은 '베이비 붐 세대'와 '노인'을 대상어로 하여

각각의 관련어를 비교하여 보인 것이다. 전체에서 빈도 순위 20위까지를 제시하였다. 대상어와 함께 쓰인 관련어를 살펴보면 해당 텍스트에서 대상어를 어떻게 규정하고 있는지 파악할 수 있다. 빈도가 높을수록 동그라미의 크기가 커진다.

베이비 붐 세대와 노인의 공통어는 '인구'·'가족'에 한정된다. 베이비 붐 세대 관련어에는 은퇴·노동력·기업·노동시장·일자리·직업·전문성과 같이 은퇴 후 경제활동과 관련된 단어들이 많다. 다음으로 부부·행복·부모·가정생활과 같이 개인의 사적 영역에서의 관계와 삶의 질에 관한 단어들도 보인다. 노령화·비율·노후와 같이 베이비 붐 세대의 은퇴로 인한 노령화와 노인 인구 비율의 증가, 노후 생활에 관한 단어들도 있다. 이 외에 베이비 붐 세대를 미래 세대와 비교하여 언급하기도 하며, 은퇴 후 베이비 붐 세대들이 선호하는 교육 분야가 보고되기도 한다.

노인 관련어에는 치매·치료·질환·간병비·건강과 같은 질병의 발생과 관련된 단어들이 많다. 이에 더해 보험 제도·부양·돌봄·복지·지원·장기요양보험·요양·혜택·지역·규모와 같은 가족과 사회의 돌봄 시스템에 대한 현황 보고들이 주를 이룬다. 질 높은 노년 생활을 위해 지역사회가 마련하는 노인 대상

프로그램을 소개하기도 한다. 노인 관련어는 질병과 관리, 사회보장제도와 관련된 단어가 많다는 것을 알 수 있다.

베이비 붐 세대는 은퇴 후에도 전문성을 발휘하며 경제활동의 주체로서 활동할 것으로 보인다. 가족 중심 관계를 주도하거나 어긋난 관계를 회복하는 데 노력하는 모습도 관찰된다. 삶의 질을 높일 수 있는 노년을 만드는 데 관심이 있다는 것을 알 수 있다. 노인은 사회적으로 만들어 놓은 프로그램에 '참여'하는 대상으로, 베이비 붐 세대는 스스로의 적성에 알맞은 전문성을 강화할 수 있는 교육을 '찾아가는' 주체로서 묘사된다. 베이비 붐 세대는 기존의 노인 세대와는 달리 사회 경제적으로 주도적인 삶을 지향한다. 교육과 문화적 측면에서 주체성을 지닌 세대로 자리매김하고 있다는 것을 알 수 있다.

베이비 붐 세대는 대한민국의 산업화와 경제성장에 큰 역할을 했으며 한국 현대사를 몸소 체험했다. 이전 세대에 비해 교육 수준이 높아졌다는 것도 중요한 특징이다. 이는 여성도 마찬가지여서 여성의 사회적 진출이 본격화되기 시작했다. 2014년 보건사회연구에 보고된 바에 따르면 베이비 붐 세대 남성의 학력은 1/3 이상(35%)이 대졸 이상이며 고졸은 8.3%이다. 여성은 대졸 이상이 14%, 고졸이 53%이다. 경제활동 참여 비율은 남성이 95.4%, 여성은 64.3%에 달한다.

2010년 한국가정법률상담소의 보고에 따르면 베이비 붐 세대는 경제활동 참여에 대한 욕구가 강하여 은퇴 후에도 건강이 허락할 때까지 일하겠다는 경우가 남녀 모두 50% 이상으로 나타났다. 이는 베이비 붐 세대가 노동시장에서 주도적인 역할을 시작한 세대임과 동시에 가족을 중시하고 자녀 중심 가치관을 갖고 있기 때문인 것으로 분석되었다. 부부 단독 가구가 전체의 13.9%에 그쳐 미성년 자녀의 양육뿐 아니라 성인 자녀에 대한 경제적 지원도 도맡고 있다. 대학 졸업이 직업 안정성을 보장해 줄 것으로 믿었던 베이비 붐 세대는 자녀에 대한 교육열이 강하다. 그러나 베이비 붐 세대의 자녀들은 대학 진학률이 80% 수준으로 높지만 취업률은 낮아 경제적 독립이 어려워진 상황이다.

이에 따라 베이비 붐 세대는 자녀에게 부양을 기대하기 어렵게 되었다. 베이비 붐 세대에게 설문한 결과 자신들에게 부모의 부양 책임이 있다는 응답이 46.1%인 반면, 본인에 대한 자녀의 부양 책임이 있다고 답한 응답자는 9.8%로 낮다. 자녀의 경제적 상황이 고려되었을 테지만, 사회 경제적으로 주체적 의식이 강한 베이비 붐 세대의 특성으로도 이해할 수 있다.

베이비 붐 세대는 부모와 자녀의 부양을 동시에 담당하고, 본인들의 노후 준비 역시 스스로 해결해야 하는 과제를 안고 있다. 그러나 전 연령대에서 순자산액이 가장 많은 세대이기도 하다. 2020년 가계금융복지조사 결과 연령대별 순자산액은 50대가 4억 987만 원으로 가장 높고, 그다음은 60세 이상으로 3억 7,422만 원이었다. 베이비 붐 세대인 50, 60대가 돈이 가장 많은 세대인 셈이다.

고려대학교 고령사회연구센터에서 발행한 『2022 대한민국이 열광할 시니어 트렌드: 에이지 프렌들리(age friendly)』에서는 고령화 추세에 있는 한국의 구성원들이 조화롭게 살아가기 위해서는 시니어 트렌드를 알아야 한다고 설파한다. 새롭게 등장한 시니어층인 베이비 붐 세대의 웰빙과 웰다잉을 위한 욕망을 분석했다. 베이비 붐 세대는 스스로 원하는 방식으로 살고 싶어 한다. '혼자도 좋아, 내가 원하는 방식으로 살고 싶다.'는 의식이 강했다. 그에 따라 시니어 1인 가구가 증가하고, 시니어 쉐어하우스뿐 아니라 청년과 시니어의 홈 쉐어링 등 새로운 주거 형태가 등장했다. 헬스케어, 기술 영역, 사회생활 지원 기술 등 에이징 테크를 통해 더 젊어지고 오래 사는 시대가 도래했다.

베이비 붐 세대는 기존의 노인 담론을 거부한다. 노인 취급을 싫어하며, 노인 각자의 욕망이 모두 다르다는 것을 이해받길 원한다. 노인은 애완견이나 어린애와 같이 보살핌의 대상이 아니라, 자신만의 취미를 즐기며 행복하고 건강하게 살며, 잘 죽기 위해 노력하는 존재라고 생각한다. 베이비 붐 세대는 기술의 발전과 디지털화를 적극적으로 수용한다. 따라서 정보통신기술을 통해 필요한 정보를 획득하는 데 큰 어려움을 겪지 않는다. 그러나 은퇴 후 수입이 줄고 건강에 문제가 생기면서 억울함과 허망감을 느끼는 경우가 많다. 일상생활 속에서는 노인에 대한 크고 작은 차별을 경험하기도 한다. 은퇴 후에도 경제활동을 한다는 이유로 청년 일자리를 빼앗는다는 원망과 비난의 대상이 되기도 한다. 복지 예산을 증가시키고 젊은 세대의 부담을 가중시키는 노인에 대한 사회적 시선은 그리 달갑지 않다.

베이비 붐 세대는 입시와 취업에서 과밀경쟁을 겪었고, 1980~1990년대를 거치며 눈부신 산업화와 한국 경제의 고도성장을 견인하였다. 그러나 IMF 외환 위기와 2008년 글로벌 금융 위기로 인해 구조 조정의 대상이 되었고, 현재는 부모와 자녀의 부양, 손자녀의 돌봄이라는 황혼 육아, 자신의 노후 준비라는 부담에 직면해 있다. 그러나 부동산 호조로 인해 순자산액이 가장 많은 세대가 되었고, 질 높은 삶과 주도적 인생 설계를 원한다. 독립성과 자율성을 중시하며, 새로운 기술과 지식을 습득하려는 욕구도 강하다. 베이비 붐 세대는 산업화에 기여하고 가족을 위해 헌신해 왔으나, 현재는 노인에 대한 사회적 혐오를 경험하고 있으며 '웰다잉(Well-dying)'이라는 마지막 책임을 완수해 줄 것을 요구받고 있다. 베이비 붐 세대가 타인과의 원활한 소통 능력을 갖춤으로써 자신들의 기여를 인정받고, 주도적인 삶을 살아갈 수 있는 힘을 얻게 될 것으로 보인다.

관계 인식과 소통적 특성

베이비 붐 세대는 전통적 가치를 중시하고 가족 중심 사상을 지니고 있다. 이는 조직 안에서 어려운 시기를 극복하고 부모와 자녀를 부양하는 일을 책임지게 된 배경이기도 하다. 또한 한국전쟁 후, 사회적 불안감이 심했기 때문에 안정과 안전성을 우선시하는 경향이 있다. 즉, 기존의 노인 세대와 달리 주체적이고 독립적인 성향이 강하며, 새로운 지식과 기술을 습득하는 데 개방성을 지니지만 여전히 유교적 질서에 따른 가부장적인 위계 의식과 출세 지향적 가치관을 유지하고 있을 가능성이 높다. 이는 앞서 언급하였던 노인에 대한 부정적인 시각의 이유가 될 것이다. 베이비 붐 세대는 억울함과 분노, 무력감을 느끼면서도 타인과의 갈등을 원활하게 관리하지 못하고 있다는 것을 알 수 있다. 갈등 해결을 위한 상호적 의사소통의 방안을 제안하기에 앞서 베이비 붐 세대의 관계 인식과 소통적 특성을 살펴보고자 한다.

평균수명이 80세를 넘기게 되면서 부부로서 함께 생존하는 기간이 점점 증가하고 있다. 이뿐 아니라 자녀들이 독립하면서 부부만 남게 되는 빈 둥우리기(empty nest stage)가 길어져 무엇보다 부부간의 소통이 중요해졌다. 손정연, 한경혜가 2014년 베이비 붐 세대 2,078명을 대상으로 조사한 바에 따르면 베이비 붐 세대의 결혼 만족도가 낮아 결혼 해체의 위기가 우려된다고 하였다. 결혼 만족도는 결혼생활에 있어 갈등이 적고 안정적인 상태일 때 높아진다.

사회교환이론에 의하면 결혼 만족도가 높더라도 대안적 매력이 낮을 때는 결혼 해체로 이어지기 쉬우며, 결혼 만족도가 낮더라도 결혼 유지에 대한 외적 압력이 높으면 결혼 안정성이 높을 수 있다. 즉, 결혼 만족도와 결혼 안정성은 별개로 작동한다. 지금까지 부부 간의 관계적 측면을 측정하는 지표로 가장 많이 사용된 것은 의사소통 빈도 및 방식이다. 평상시 원활하고 긍정적인 의사소통을 하는 부부의 경우 부부 관계에서의 스트레스가 적고 결혼 만족도가 높은 것으로 보고된다.

베이비 붐 세대는 결혼 만족도는 낮지만 가족 중심 사상과 주변의 평가와 같은 사회적 압력으로 인해 결혼 안정성을 유지하고 있다. 그러나 은퇴 후에도 부부관계의 갈등과 불안이 지속될 경우 결혼의 위기 경향성이 높아질 수 있다. 결혼 만족도를 높이기 위해 상호 이해를 기반으로 한 소통 방법에 대해 고민해 볼 때이다.

서정선, 김은하가 2023년 베이비 부머를 대상으로 연구한 결과에 따르면 베이비 부머는 억울 경험을 자주 겪는 것으로 나타났다. 한국의 경제, 정치, 문화적 성장에 현격한 공로가 인정되는 주력 세대이지만, 자녀나 청년층, 혹은 사회로부터 적절한 대우를 받지 못하고 있다. 이로 인해 베이비 부머는 억울을 경험할 수 있고, 심각한 경우 우울이나 화병과 같은 심리적 문제로 이어질 수 있다고 보았다.

베이비 부머가 억울을 경험하는 원인은 크게 4개의 영역으로 구분할 수 있다. '관계', '부양 및 경제', '개인', '시스템 및 특수 상황'이다. '관계'는 억울 경험의 원인에서 가장 중요한 영역이다. 가족이나 지인, 동료 등 타인과의 관계에서 경험된다. 이에는 부당한 대우나 평가, 배우자 및 가족과의 갈등, 상대방의 태도, 가치관의 차이 등이 해당한다. 먼저 부당한 대우나 평가에 대해서는 오해를 받거나 본인의 공로나 인격이 무시당하는 일, 호의에 보답받지 못하고 오히려 잘못을 지적받는 일, 비난을 받거나 사람들 앞에서 망신을 당하는 등의 경우가 이에 해당한다. 배우자 및 가족과의 갈등은 배우자나 자녀에게 서운함과 실망을 느끼는 경우이다. 예를 들어 아팠을 때 알아주지 않아 서운하고 서러웠던 일, 인터넷을 다루는 데 익숙하지 않아 도움을 요청했는데 딸에게 핀잔을 들은 일 등이다. 상대방의 태도에 대해서는 본인의 노력과 진심을 알아주지 않거나 책임 회피, 거짓말 및 기만적 행동 등이 해당한다. 가치관의 차이는 성차별적 태도나 고정관념으로 억울을 경험했다는 범주로, 밥을 해주는 것이 여성의 의무인 것처럼 인식되는 상황과 같은 것이다. 즉, '관계' 차원에서는 제대로 된 대접을 받지 못하고 체면이 손상되는 경우, 부당한 가치관을 강요받는 상황에서 억울을 경험한다는 것을 알 수 있다.

다음으로는 '부양 및 경제'적 측면이다. 가족 부양 및 집안 일 관련 어려움이 이에 해당한다. 예를 들면 집안일이나 가계의 경제를 도맡는 일, 생계 활동의 고달픔, 직장에서 부당한 요구를 받을 때 심리적 어려움을 겪는다. '개인' 영역에서는 나이 들어감에 따라 노화로 인해 신체 기능이 저하되고 질병이 들어 열심히 산 결과가 덧없게 느껴지는 경우를 들었다. '시스템 및 특수 상황'에서는 부동산 시장이 불안정해지고 건강보험료 체계가 불합리한 것, 일자리가 부족하여 실직한 후 경제적 타격을 받게 되는 상황에서 억울을 경험하였다. 즉, 삶의 고달픔과 노화에 따른 자괴감, 열심히 일했으나 그 대가를 정당하게 보상받지 못해서 생기는 허망감 등이다.

베이비 붐 세대는 이와 같은 억울한 상황에서는 신중한 상황 판단, 적극적인 의사 표현 및 소통이 필요하다고 인식하지만, 실제 취하는 행동은 달랐다. 갈등이 발생했을 때 주로 직접적인 대응을 회피한다는 의견이 절반 이상이었다. 무시 및 무대응, 참고 혼자 삭힘, 관계에서 철수하는 등의 방식으로 대응한다는 것이다. 즉, 대인 관계나 집단 분위기에 해가 되는 감정을 스스로 억제함으로써 상황을 종료시킨다. 이와 같은 대응 방식을 선택한 이유는 가족을 우선시하고, 집단주의 및 유교적인 문화에 영향을 받은 탓으로 해석된다. 개인의 욕구나 감정을 내세우기보다는 집단의 안위를 중시하고, 위계나 서열을 따르는 것을 미덕으로 여겨왔기 때문이다.

이상의 영역에서 가장 많이 언급된 것은 '관계' 영역이다. 노년기에 접어들어서도 가까운 사람들과 원활하게 소통하지 못하고 강요된 친밀감을 참거나 서운함과 억울함을 드러내지 못할 경우 더 큰 문제로 이어질 수 있다. 노년기의 질 높은 삶을 위해서는 베이비 붐 세대 스스로 감정을 효과적으로 드러내는 연습이 필요하다. 다른 세대들은 베이비 붐 세대가 겪는 억울 경험을 이해하고 갈등을 회피 기제로 모면하려는 이유를 파악하여 현명하게 대처할 필요가 있다.

베이비 붐 세대에서 알파 세대까지

베이비 붐 세대와의 소통을 논하기 위해서는 우선, 베이비 붐 세대와 다른 세대 간의 차이를 이해할 필요가 있다. 서로 다른 시기에 태어나 특유의 사회문화적 정체성을 공유하고 있는 집단들은 당시의 사회구조와 시대적 특성을 반영한다. 전후 세대인 베이비 붐 세대에서부터 디지털네이티브인 알파 세대까지. 그 성장 과정에서 경험한 각 시기의 정치, 사회, 경제, 산업, 그리고 문화적 특성은 서로 다른 가치관을 형성하게 된 배경이다. 의사소통에 영향을 미칠 수 있는 각 세대의 사회 문화적, 심리적 특성에 주안점을 두어 그 차이를 살펴봄으로써 세대 간 이해를 돕고자 한다.

베이비 붐 세대가 헝그리정신을 추진력으로 한국 사회를 성장시킨 가장 대표적인 기성세대라면, 이후 등장하는 386세대는 80년대 민주화 운동의 주역이다. "386세대"라는 명칭은 1990년대 최신 버전이었던 "386 컴퓨터"를 빗댄 것에서 유래했다. 다른 한편으로는 '30대, 80년대 학번, 60년대 출생'을 조합한 용어로 당시의 30대 젊은 층을 대변하는 표현이다. 시기적으로 1980년대 민주화 투쟁을 했던 대학생 중심 세대를 지칭하는 말로, 정치 사회적 의미를 띠기도 한다. 베이비 붐 세대가 성장 중심, 전통적 가치관과 집단주의, 가족 중심주의적 성향, 강한 교육열 등을 그 특징으로 한다면, 386세대는 민주화라는 정치 거대 담론을 이끌고, 삶의 질을 추구하며, 인권이라는 가치를 확립하기 시작한 세대이다.

X세대에는 1968년대~1979년대생이 해당한다. 'X'라는 용어는 캐나다 작가 더글라스 코플랜드(Douglas Copeland)가 소설

『Generation X』에서 처음 사용했다. 소설에 따르면 'X'는 '정의할 수 없음'을 의미하여, 한국의 X세대 역시 이전 세대의 문화와 가치관을 거부하는 집단임을 의미한다. 서태지를 필두로 대중문화가 폭발적으로 성장한 1990년대에 20대를 보낸 세대이다. 워크맨, 홍콩영화 등 새로운 문화와 트랜드를 선도했다. X세대는 개인주의, 강한 자기주장, 기존 문화로부터의 자유로움을 특징으로 한다. 즉, X세대부터는 국가 단위의 거대 담론에서 벗어나 자신만의 개성을 추구하며, 주변 눈치를 보지 않는 문화가 형성되었다고 볼 수 있다. 산업화의 수혜를 받아 물질적, 경제적 풍요 속에서 성장한 집단이다.

Y세대는 1981년생부터 1996년생까지를 이른다. 베이비 붐 세대의 자녀로, 에코세대라고도 불린다. 이들은 유소년기부터 정보통신기술(IT)의 과도기를 겪은 세대로서 컴퓨터 활용력이 이전 세대에 비해 탁월하다. 대학 진학률이 높아 개방성과 지적 수준이 높으며 호기심이 많다. 그러나 2008년 세계 금융위기 이후 고용 감소와 일자리 질 저하 등을 겪게 되었다. 평균 소득이 낮고 대학 학자금 부담도 떠안고 있어 경제적 어려움을 겪고 있는 경우가 많다. 이에 따라 결혼과 출산, 내 집 마련에도 적극적이지 않다. 책보다는 인터넷, 편지보다는 e-메일,

TV보다는 컴퓨터에 익숙하며, 강한 독립심과 자율성, 능동성, 자유로운 표현과 뚜렷한 관점을 지니고 있다.

Z세대는 일반적으로 1990년대 중반부터 2000년대 중반까지 출생한 집단을 이른다. 2002년생부터 본격화된 초저출산 현상으로 인구절벽에 직접적인 영향을 받기 시작했다. X세대 부모로부터 개인주의, 다양성 추구 등 자유로운 가치관을 물려받았다. SNS로 자신의 개성을 표출하고 자신의 성향을 남들과 공유하고자 하는 욕구가 강하다. 취향과 경험 소비를 중시해 자신이 좋아하는 것에는 아낌없이 돈을 쓰는 '내돈내산', '트렌드의 중심 세대'이기도 하다. 청년실업, 빈부격차 등 사회가 주는 박탈감 때문에 자신의 불투명한 미래를 위한 저축보다는 현재의 행복을 소비하는 '소확행'을 중시한다. '욜로족', '카푸어' 등의 신조어를 탄생시켰다. 차별이나 불평등과 같은 사회적 문제에 예민하고 개인주의적 특성을 보인다.

알파 세대는 2010년부터 2024년 현재까지 출생한 세대이다. 이들은 태어난 순간부터 '디지털화'된, 특히 스마트폰이 파생한 모바일 문화의 영향을 직접적으로 받고 성장하며 영유아기부터 스마트폰을 사용한 디지털네이티브들이다. 스마트폰 이전 문화에 대한 경험이 전혀 없어 기성세대와의 확연한 차이

점을 보인다. 스마트폰에 대한 과몰입으로 인해 건강 문제가 사회적 이슈로 떠오르고 있다. 이들은 유튜브, 틱톡, 인스타그램 등 1인 방송과 SNS를 선호하며 컴퓨터과학 시스템에 익숙하다. 집중력이 떨어지고, 매우 쉽게 지루함을 느낀다. 이들은 2020년대 초반 코로나19의 장기화로 교육환경이 비대면으로 바뀌면서 새로운 교육 시스템을 경험했다. 대면 수업이 이루어지지 않은 단점으로 사회성과 교육의 질 저하 등 여러 부작용도 드러나고 있다. 교육에 대한 높은 니즈가 있고, 성별 중립적인 성향을 가진다.

이 외에 Y세대와 Z세대를 통칭하여 MZ세대로 구분하기도 한다. 이들은 최초의 글로벌 세대이자 인터넷 시대에 성장한 첫 세대라는 공통점이 있다. 일반적으로 인터넷, 모바일 장치 및 소셜 미디어의 사용 증가와 친숙함을 특징으로 들 수 있으며, 이러한 이유로 디지털 원주민으로 불리기도 한다. 개인주의적이며 자기중심적인 특성을 보이지만 공익 캠페인에도 적극적이며 착한 소상공인을 응원하거나 착한 기업의 제품을 애용하기도 한다. 환경보호를 위해 리필용품을 소비하는 데에도 관심이 높다.

MZ세대는 실제 선물을 주고받던 문화보다는 카카오톡 커머스 플랫폼 '카카오톡 선물하기'로 선물을 주거나 네이버 쇼핑의 간편결제 시스템인 '네이버 페이' 등 e-쇼핑을 선호하는 경향을 보인다. 음식뿐 아니라 생필품, 식재료, 옷까지 모든 것을 배송받아 소비한다. 주로 베이비 부머 세대 혹은 X세대의 자녀로 태어났다. 글로벌 금융위기를 겪으며 정규직 취업의 진입장벽에 부딪혔다. 조직에 대한 충성도가 낮으며, 목표한 퇴직자금을 마련하여 조기 은퇴하는 파이어(FIRE)족을 선호한다.

사상 최초로 부모 세대보다 가난해지는 세대가 될 것으로 예상된다. 월급만으로는 살 집을 마련할 수 없게 되자, 주식과 가상화폐 투자에 관심이 많아졌다. 구매력이 부족함에도 명품과 한정판 구매에 적극적이고, 본인에게 명품이나 비싼 물건을 투자하여 자신의 가치를 높이는 'Flex'에 과감함을 드러내기도 한다. 대출을 포함하여 가용할 수 있는 돈을 모두 끌어 모으는 '영끌: 영혼까지 끌어모으다', 혹은 '빚투: 빚내서 투자하다'를 통해 무리하게 집을 장만하기도 한다. '더 좋은 직장이 나오면 언제라도 이직하겠다', '수입을 위해서 일하기보다는 여가 시간을 더 갖고 싶다'는 '워라벨'을 추구하는 경향이 강하다. 미래에 대비하면서도 현재의 자신에게 즐거움과 행복을 줄 수 있는 소비에 열중한다는 것을 알 수 있다.

원활한 소통을 위하여

원활한 의사소통 능력은 조화롭고 안정된 삶을 이루고, 사회적 오해와 편견을 없애 베이비 붐 세대가 원하는 질 높은 노후를 살아갈 수 있게 하는 주요 역량이다. '소통(疏通)'은 '흐르고 통한다'는 뜻을 지닌다. 흐르고 통하기 위해서는 수직적인 관계가 아닌 수평적인 관계를 지향해야 한다. 이는 서로에 대한 이해와 존중의 태도로부터 시작된다. 다른 세대는 베이비 붐 세대를 이해하고, 베이비 붐 세대 역시 다른 세대의 삶과 가치관을 수용할 때 상호 성장과 사회적 통합을 꾀할 수 있다. 젊은 세대는 노인 세대의 경험과 지혜를 얻을 수 있고, 노인 세대는 젊은 세대에게 새로운 지식과 기술, 진취적인 삶의 태도를 배울 수 있다. 이를 위해 베이비 붐 세대와의 소통을 위한 시사점, 베이비 붐 세대가 다른 세대와의 원활한 소통을 위해 주안점을 두어야 할 지점을 살펴본다. 이후 바람직한 부부관계를 위해 요구되는 의사소통 능력과 마음가짐에 대해 생각해 보고자 한다.

베이비 붐 세대는 전쟁 이후 태어나 사회적, 정치적, 경제적 격변기를 경험하고 그 시대마다의 위기를 극복해 온 세대이다. 이들이 기여한 사회적 성과를 인정하고 다양한 경험을 존중하는 일은 베이비 붐 세대 스스로의 효능감과 타인에 대한 수용력을 높이는 방법이다. 젊은 세대는 베이비 붐 세대에게 도움을 요청하거나 지혜를 구하는 방식으로 호혜적인 관계를 만들어 갈 수도 있다. 경청과 공감의 반응, 감사의 뜻을 표현함으로써 존중받고 있다는 느낌을 주는 것도 중요하다.

베이비 붐 세대는 전통적인 가치관과 가족 중심주의 사상을 지니고 있다. 그러나 기존의 노인 세대에 비해 더 개방적이며, 다양한 사회 및 정치 활동에 참여하고 활발하게 의견을 표현하는 경우가 많다. 이들을 존중하는 모습과 예의 있는 태도를 유지하되, 다양한 사회적 이슈에 대한 의견을 교환함으로써 활발한 의사소통이 이루어질 수 있다. 가족에 대한 헌신을 인정하고 가족을 소재로 한 긍정적인 측면을 부각함으로써 적극적인 대화를 이끌어갈 수 있다.

베이비 붐 세대는 학습 욕구가 강하며 독립적이고 주체적인 삶을 지향한다. 건강과 웰빙 등 이들이 관심을 두는 분야에 대한 새로운 지식을 공유하고, 디지털 기술을 습득하는 데 도움을 줌으로써 젊은 세대에 대한 인정과 필요를 증진시킬 수 있다. 베이비 붐 세대는 기존의 노인 담론을 거부하지만 감정을 표현하거나 갈등을 해결하는 데는 서툰 모습을 보인다. 이들의 개성과 욕구를 이해하고 그 가치와 중요성을 인정해 주는 대화도 필요하다. 표정이나 행동 등 비언어 요소에서 관찰되는 의도를 파악하여 베이비 붐 세대가 감정이나 불만을 쉽게 드러낼 수 있도록 지지적 대화를 이끌어가는 방법을 활용할 수도 있다.

베이비 붐 세대 역시 다른 세대를 이해하고 배려하려는 노력이 필요하다. 베이비 붐 세대와 386세대는 경제 발전기에 사회생활을 시작해 상대적으로 취업이나 결혼, 내 집 마련 등에 큰 어려움을 겪지 않은 편이다. 그러나 이들의 자녀 세대인 MZ세대는 금융위기로 인해 고용이 감소하고 질 낮은 일자리를 전전하는 사회 경제적 어려움을 겪고 있다. 오히려 베이비 붐 세대나 386세대보다 대학 진학률이 높으나 더 가난해진 세대의 박탈감과 위기의식을 이해할 필요가 있다. 특히 베이비 붐 세대는 경제적 안정과 성공을 추구하는 경향이 강하다. 개인의 노력으로 극복할 수 없는 세계적 경제 문제를 이해하고 소확행에 집중할 수밖에 없는 MZ세대를 격려하고 북돋아 줄 필요가 있다.

언어는 인식을 반영하고 인식은 사회문화적 배경을 드러낸다. X세대나 MZ세대, 알파 세대가 사용하는 언어적 특징을 개방적으로 수용하고 이들의 삶과 정서를 이해할 필요도 있다. '삼포 세대'를 시작으로 파생된 'N포 세대'라는 표현은 의미심장하다. 연애와 결혼, 아이를 갖는 것을 포기한 '삼포 세대'가 다시 고용과 주택을 포기하면 '오포 세대'가 된다. 이에 더해 꿈과 희망을 포기하는 '칠포 세대'가 등장한다. 모든 것을 포기한 'N포 세대'는 미래를 계획하는 것이 불가능한 청년들의 불안정한 사회적 위치를 대변한다. 이에 따라 작고 소소하지만 확실한 행복, 즉 '소확행'을 즐기거나 불안한 미래보다는 현재를 즐기며 살고자 하는 '욜로족(YOLO族)'이 등장하고, 값비싼 물건을 사는 '플렉스(flex)'로 스스로를 위로하기도 한다.

MZ세대는 개인주의적인 특징을 지닌다. 이는 나이가 많을수록 권력이 강해지고, 나이를 앞세워 우대받기를 원하는 사람들을 일컫는 '나일리지(나이+마일리지)', 혹은 '무지개 매너'를 피해 '살코기 세대'로서 살아가고자 하는 의지가 담겨있다. '무지개 매너'는 '무지하게 매너가 없는 사람'을 의미하며, '살코기 세대'는 불필요한 기름기를 뺀 살코기처럼 사는 2030세대를 지칭한다. 관계 중독 스트레스를 벗어나기 위해 인생에서 불필요한 인간관계에 에너지를 쏟기보다는 혼자 보내는 시간을 긍정적으로 여긴다는 의미이다. 이에 따라 '나노사회', '혼놀족', '혼바비언'의 모습으로 개인화 되기도 한다. 관계보다는 개인에 집중하고자 하는 성향은 조직에 대한 충성도가 경제적 어려움을 해결하고 안정된 미래를 만드는 데 도움이 되지 않는 현실을 직시한 데서 비롯된다. 대면 만남이나 음성 통화보다는 문자나 카톡을 선호하는 이유도 이와 무관하지 않다.

베이비 붐 세대의 강한 교육열은 대학 교육에 집중되어 있으며, 출세 지향적인 방향은 사회구조의 상부 권력을 차지하는 것을 의미한다. 그러나 MZ세대와 알파 세대는 유소년기부터 정보통신기술에 익숙해 SNS나 유튜브, 1인 방송을 즐긴다. 인터넷 매체를 활용하여 개성적인 콘텐츠를 개발하여 이익 창출을 도모하기도 하며 사회적 인지도를 쌓아가기도 한다. 젊은 세대는 시각 자료, 짧은 영상, 컴퓨터 게임을 즐기다 보니 긴 대화에서는 집중력이 떨어지고 쉽게 지루함을 느끼곤 한다.

베이비 붐 세대는 젊은 세대가 사용하는 언어를 통해 사회문화적, 경제적 상황을 이해하려는 노력을 기울여야 한다. 기성세대만큼의 노력을 통해 대입과 취직에 성공했으나, 미래가 보장되지 않는 현실에서 나름의 행복을 찾으려는 노력을 이해할 수 있어야 한다. 이와 함께 사회적 성공이 단지 학벌이나 권력 구조에 편입되는 것으로 해석하는 오류를 경계해야 한다.

베이비 붐 세대는 시대적 변화를 인정하고 건강한 사회적 거리를 유지하며, 상대방의 선호와 의견에 귀 기울이려는 노력이 필요하다. 자신의 경험을 젊은 세대와 공유하고 그들 나름의 목표를 이룰 수 있도록 지지와 도움을 주는 역할에 충실할 수 있어야 한다. 각자의 개성적 능력을 인정하고 이를 실용 영역에 활용할 수 있도록 도와주는 것도 중요하다. 말하는 시간보다는 경청하는 시간을 늘리고 짧고 명확한 표현으로 대화할 수 있도록 노력해야 한다. 젊은 세대의 언어를 이해하여 소통하고, 디지털 활용 능력의 중요성을 인식하여야 한다.

각 세대 간 차이와 사회 문화적 특성을 인정하고, 서로 도움을 주고받는 수평적 관계를 확립할 때 우리사회는 바람직한 소통 문화를 만들어 갈 수 있게 될 것이다.

의료기술이 발달하고 생활 수준이 향상됨에 따라 사망률이 개선되고 평균수명도 늘어나게 되었다. 통계청이 전 국민을 대상으로 작성한 국민생명표(2022년 기준)에 따르면 남성의 평균수명은 79.9세, 여성의 평균수명은 85.6세로 전체의 평균수명은 82.75세이다. 부부로서 함께 생존하는 기간이 늘어났을 뿐 아니라 은퇴 후 20년가량은 부부 단독 가구로 지내야 하는 상황이 도래했다. 이에 따라 세대 간 소통뿐 아니라 부부간의 질 높은 의사소통 역시 더욱 중요해지고 있다.

앞서 살펴보았듯이 베이비 붐 세대는 결혼 안정성은 높지만, 결혼 만족도는 낮은 편이다. 결혼 안정성은 외부의 압력이 클 때 결혼 만족도와는 별개로 높아질 수 있지만, 결혼 만족도는 부부관계의 질과 밀접한 관련이 있다. 원활하고 긍정적인 의사소통을 통해 갈등을 해결하고 안정적인 관계를 유지할 때 결혼 만족도가 높아진다. 그러나 베이비 붐 세대는 결혼생활에서 드러나는 크고 작은 갈등 상황을 효과적으로 다루지 못하고 있었다. 서로에 대한 이해와 공감, 적절한 표현과 수용의 노력이 필요하다. 취미나 여행 등 공동 경험의 시간을 늘려 운명 공동체로서의 일체감을 높이는 것도 중요하다.

먼저 서로를 이해하기 위해서는 상대의 생각과 정서를 파악하는 단계가 우선되어야 한다. 베이비 붐 세대의 가부장적 사고방식은 위계를 중시하고 성차별적 태도를 드러내는 원인이 되기도 한다. 크고 작은 역경을 극복하며 형성된 완고함은 자신의 가치관을 타인에게 강요하는 행동으로 나타나기도 한다.

베이비 붐 세대는 가족 중심주의, 개인보다는 집단이나 타인의 요구를 중시하는 경향이 있다. 이는 갈등 상황에서 자신의 불만과 억울함을 표현하기보다는 인내하고 회피함으로써 그 상황을 벗어나는 선택을 하게 한다.

베이비 붐 세대가 억울을 경험하는 원인으로 '관계' 영역이 가장 많았다. 부부관계에서는 노력과 진심을 알아주지 않거나, 성차별적 태도 및 고정관념, 비난 및 망신을 당하는 경우가 억울을 경험하는 주요한 원인이었다. 억울함이 적절하게 다루어지지 않을 때 실망감과 서운함이 쌓여 관계의 위기에 부딪힐 수 있다. 산업화 시기 경쟁 사회에서 가족을 위해 헌신해 온 가장의 노고와 성과를 인정할 수 있어야 한다. 가족에게 경제적 안정을 제공하기 위해 자신의 욕망을 억제하고 사회생활에서의 불평등과 비난, 압박을 감수했던 희생에 감사하는 마음을 표현하는 것도 중요하다.

가정을 바람직하게 이끌고, 육아와 교육, 부모 공경을 위해 희생했던 삶을 여성의 당연한 역할로 여겨서는 안 된다. 나와 가족의 삶을 지탱할 수 있었던 특별함으로 인식하고 충분한 보살핌과 애정 어린 관심으로 보답할 수 있어야 한다. 누구의 남편, 혹은 아내와 같은 역할이 아닌 한 인간으로서 존중하고 서로가 원하는 취향과 삶, 미래에 대한 생각을 나누며 서로를 격려하고 지지해 주는 것도 중요하다. 타인 앞에서 칭찬과 감사로 서로의 체면을 세워주고 상대방을 통해 자아 효능감을 높일 수 있도록 도와주어야 한다. 이를 통해 더 긴밀한 일체감을 공유하는 부부관계로 나아갈 수 있게 된다.

갈등 상황에서 직접적인 대응을 회피하기보다는 적극적인 의사소통을 시도하는 것이 중요하다. 상대방에게 일방적으로 맞춰주거나 무시하고 대응하지 않는 것, 혼자 참고 삭히는 행동은 갈등 상황을 반복하게 되는 이유가 된다. 자신의 의견이나 감정을 유연하게 표현하고, 상대의 의견을 경청하면서 접점을 찾아나가려는 노력이 필요하다. 서로에게 도움을 청하고 공감과 위로를 나누는 과정에서 자아를 성찰하고 새롭게 발견된 상대방의 모습을 긍정할 수 있도록 노력하여야 한다. 이는 오랜 기간 누적되었던 상처를 치유하고 갈등의 원인을 제거할 수 있는 효과적인 방법이다.

공동 목표나 취미를 찾아 함께 하는 시간을 늘려가는 것도 서로에 대한 이해를 심화하고 일체감을 높일 수 있는 방법이다. 2010년 '베이비 붐 세대의 실태에 관한 조사'에 따르면 이들 부부의 여가 공유는 낮으나, 부부가 함께할 수 있는 취미생활에 대한 선호도는 높다고 하였다. 즉, 배우자와 함께 하는 시간을 보내고 싶지만, 현실적인 이유로 이를 이행하는 데 어려움을 겪고 있다는 것이다. 은퇴 후 여유 시간을 이용하여 학습, 취미, 운동, 여가 등 공통 관심사를 찾아 함께하는 시간을 늘려갈 수 있다. 이를 통해 친밀감을 복원하고, 부부관계의 만족도와 노년의 질 높은 삶을 꾸려갈 수 있게 될 것이다.

무병장수를 꿈꾸는 인간-근대의 '건강론'과 노인의 '장수' / 최지희

《申報》
《時報》
《新聞報》
劉瑞恒, 『新生活與健康』, 南京正中書局, 1935.
(明)高濂, 『遵生八箋3 · 延年卻病箋』, 成都:巴蜀書社, 1986.
齊梁 · 陶弘景, 김재두 역, 『양성연명록』, 學古房, 2023.
김시천, 「양생(養生)의 이념-고대 동아시아 의학에서 몸의 발견과 한의학의 탄생」, 『시대와 철학』 19-1, 2008.
김태진, 「『서유견문』에서의 '양생/위생'개념」, 『日本學研究』 60, 2020.
박윤재, 「양생에서 위생으로-개화파의 의학론과 근대 국가 건설」, 『사회와 역사』 63, 2003.
신규환, 「위생의 개념사: 청말민국기 중서의의 위생론」, 『동방학지』 138, 2007.
신규환, 「근대 동아시아 위생 개념의 확산과 공공의료 담론의 형성」, 『의사학』 31-3, 2022.
최수빈, 「'노화'와 '장생'을 바라보는 도교적 시선(視線)의 복합성과 그 함의」, 『종교문화비평』 39, 2021.
최지희, 「근대 중국인의 신체단련과 국수체조의 형성-팔단금을 중심으로」, 『인문학연구』 57, 2023.
鹿野政直, 『健康観にみる近代』, 朝日新聞社, 2001.
李春梅, 「黃楚九的品牌營銷之道―以"百齡機"爲例」, 『傳媒觀察』, 2011.
鬱沖, 「百齡機廣告研究-以『申報』爲中心(1923-1933)」, 溫州大學碩士學位論文, 2021.
PI, Kuoli, A Preliminary Study of Medical Books on Health Care for the Elderly and Prolonging Life in the Early 20th Century, *Chinese Medicine and*

Culture 6(1), March 2023.

20세기 음식, 영양 그리고 노령화―1960년대 노년학과 영양 프로그램 / 이동규

Barthes. R. (1979), "Toward a Psychosociology of Contemporary Food Consumption," in Foster R. and Ranum O, *Food And Drink in History,* Baltimore: Johns Hopkins University Press.

Bentley, A. (1998), *Eating for Victory: Food Rationing and the Politics of Domesticity.* Urban, IL: University of Illinois Press,

Brian, W. (2002). "Changing Eating Habits on the Home Front: Lost Lessons from World War II Research." *Journal of Public Policy and Marketing*, 21(1).

Braudel, F. (1981), *The Structures of Everyday Life*, London: Collins.

Biltekoff, C. , (2013), *Eating Right in America: The Cultural Politics of Food and Health Durham.* NC: Duke University Press.

Coveney, J. , (2006), *Food, Morals and Meaning: The Pleasure and Anxiety of Eating.* New York: Routledge.

Cummings, R. (1941). *The American and His Food: A History of Food Habits in the United States.* Chicago, Il: The University of Chicago Press.

Elias, N. (1978), *The History of Manners*, New York: Pantheon.

Howell, S. C. and Loeb, M. B. (1969), "Nutrition and Aging: A Monograph for Practitioners," *Gerontologist*, 9.

Levi-Strauss, C. (1969), *The Raw and the Cooked*, New York: Harper&Row.

Mead, M. (1943), "The Factor of Food Habit," *The Annals of the American Academy of Political and Social Science*, 225.

Mead, M. (1949), *The Family's Food.* London: Bureau of Current Affairs, 1949.

Mcintosh W. A. (1984), "Social Support and the Diet of the Elderly," *Journal of Nutrition for the Elderly*, 2.

Mudry, J. , (2010), *Measured Meals: Nutrition in America*, Albany, NY: SUNY Press.

Levenstein, H. (2003). *Revolution at the Table: The Transfiguration of the*

American Diet. Berkeley, CA: University of California Press.

Peters, G. and Rappoport, L, (1988), "Behavioral Perspectives on Food, Nutrition, and Aging," *The American Behavioral Scientific*, 32(1).

Plilcher, J. (2012), *The Oxford Handbook of Food History*. New York: Oxford University Press.

Scrinis G. (2020), *Nutritionism: The Science and Politics of Dietray Advice*, London: Routledge.

Spang, R. (1987), "The Cultural Habits of a Food Committee," *Food and Foodway*, 2(1).

Steckel, R.. and Jerome R., (2002), *The Backbone of History: Health and Nutrition in the Western Hemisphere*. Cambridge, UK: Cambridge University Press.

Whiteman, J. (1966), "The Function of Food in Society," *Nutrition*, 20.

와상노인환자의 욕창 돌봄기 / 김현수

김은심;안황란;배행자, 「와상 노인환자 간호제공자의 부담감과 삶의 질과의 관계」, 『노인간호학회지』 제1권 제1호, 한국노인간호학회, 1999.

유형준;이영수;홍원선;이홍순;배철영;권인순;서혜경, 「노인의료의 특성과 노인병 예방」, 『노인병』 1권 2호, 대한노인병학회, 1997.

정희선, 「욕창의 비수술적 치료」, 『대한의사협회지』 64권 1호, 대한의사협회, 2021.

병원간호사회, 『근거기반 임상간호실무지침 욕창간호(2022 개정)』, 병원간호사회, 2022.

Jan Kottner et al., "Microclimate: A critical review in the context of pressure ulcer prevention", *Clinical Biomechanics*, 2018.

World Union of Wound Healing Societies(WUWHS). *Role of dressings in pressure ulcer prevention*. Wounds International, 2016.

고려대학교 고령사회연구센터 지음, 『2022 대한민국이 열광할 시니어 트렌드: 에이지 프렌들리』, 비즈니스북스, 2021.

김영희, 「결혼생활의 질과 안정성: 이론적 모델의 검증」, 『대한가정학회지』 37(6), 대한가정학회, 1999.

서정선, 김은하, 「생태순간평가 일기법을 활용한 베이비 부머의 억울 경험 분석」, 『한국산학기술학회논문지』 24(8), 한국산학기술학회, 2023.

손정연, 한경혜, 「베이비 붐 세대의 사회경제적 · 심리적 · 관계적 특성이 결혼만족도 및 결혼안정성에 미치는 영향: 남녀차이를 중심으로」, 『보건사회연구』 34(4), 한국보건사회연구원, 2014.

신연희, 「베이비 붐 세대의 실태에 관한 조사: 특집 베이비 붐 세대 심포지엄①」, 『가정상담』, 2010.

임정미, 「베이비 붐세대의 성역할 인식이 가정폭력에 미치는 영향: 가족갈등대처 방안의 매개효과 중심으로」, 『사회과학연구』 34(2), 충남대학교 사회과학 연구소, 2023.

조혜선, 「결혼만족도의 결정요인: 경제적 자원, 성 역할관, 관계성 모델의 비교」, 『한국사회학』 37(1), 한국사회학회, 2003.

Litzinger, S., Gordon, K. C. Exploring relationships among communication, sexual satisfaction, and marital satisfaction, *Journal of Sex & Marital Therapy* 31, 2005.

[인터넷 사이트]
고려대학교 민족문화연구원 디지털인문학센터 동아일보 코퍼스 분석 도구
http://corpus.korea.ac.kr/donga/ 2024. 12. 30 검색
고려대학교 민족문화연구원 디지털인문학센터 물결21 코퍼스 분석 도구
http://corpus.korea.ac.kr/trends21/ 2023. 12. 30 검색
썸트렌드 분석 센터 https://some.co.kr/analysis/social/mention 2023. 12. 24 검색

김현수 경희대학교 인문학연구원 HK+통합의료인문학연구단 HK
       연구교수. 동국대학교 철학과를 졸업, 동 대학원에서 박사
       학위를 받았다. 주요 저서와 논문으로는 『출산의 인문학』
       (공저), 『출산, 대중매체를 만나다』(공저), 「고통받는 환자의
       온전성 위협과 연민의 덕」, 「의철학적 관점에서 본 장자 중
       중국고대의학사상의 면모: 질병과 질환을 중심으로」 등이
       있다.

이동규 경희대학교 인문학연구원 HK+통합의료인문학연구단 HK
       연구교수. 고려대학교를 나와 동대학원 석사학위와 미국
       컬럼비아 대학교 석사학위를 취득하고 홍콩대학교에서 박
       사학위를 받았다. 주요 논문은 "The Solution Redefined:
       Agricultural Development, Human Rights, and Free Markets
       at the 1974 World Food Conference", 「식량과 인권: 1960년
       대 후반 식량농업기구의 '기아로부터의 자유운동'과 사회
       경제적 권리」, 「곡물대탈취: 1973년 미국-소비에트 곡물 거
       래와 국제 식량 체계의 위기」 등이 있다.

조민하 경희대학교 인문학연구원 HK+통합의료인문학연구단 HK 연구교수. 고려대학교 국어국문학과를 나와 동 대학원에서 석사학위와 박사학위를 받았다. 주요 저서와 논문으로는 『호모 팬데미쿠스』(공저), 「환자중심형 의료커뮤니케이션을 위한 방안(1): 의사의 친절함을 중심으로」, 「환자중심형 의료커뮤니케이션을 위한 방안(2): 의사의 존중 표현을 중심으로」, 「인공지능을 활용한 의료상담의 인식과 과제: 20대 대학생 대상 설문 조사를 통하여」 등이 있다.

최지희 경희대학교 인문학연구원 HK+통합의료인문학연구단 HK 연구교수. 전남대학교 사학과를 졸업하고 중국 난카이대학에서 박사학위를 받았다. 주요 논문으로는 「청대 사회의 용의(庸醫) 문제 인식과 청말의 변화」, 「청대 의약업의 성장과 약목(藥目)의 출판」, 「청대 의약시장의 상업화와 '매약'」, 「청대 의약시장의 변화와 '가짜약' 논란」, 「청말 민국 초 전염병과 의약시장: 콜레라 치료제의 생산과 광고를 중심으로」 등이 있다.

경희대학교 인문학연구원 / HK+통합의료인문학연구단 / 통합의료인문학 교양총서08

나이 듦과 함께하는 의료인문학

등록 1994.7.1 제1-1071
1쇄 발행 2024년 2월 26일

기   획 경희대학교 인문학연구원 HK+통합의료인문학연구단
지은이 김현수 이동규 조민하 최지희
펴낸이 박길수
편집장 소경희
편   집 조영준
관   리 위현정
디자인 조영준
펴낸곳 도서출판 모시는사람들
        03147 서울시 종로구 삼일대로 457(경운동 수운회관) 1207호
전   화 02-735-7173 / 팩스 02-730-7173

인   쇄 피오디북(031-955-8100)
배   본 문화유통북스(031-937-6100)
홈페이지 http://www.mosinsaram.com/

값은 뒤표지에 있습니다.
ISBN   979-11-6629-187-6   04000
세트   979-11-88765-83-6   04000

* 잘못된 책은 바꿔 드립니다.
* 이 책의 전부 또는 일부 내용을 재사용하려면 사전에 저작권자와 도서출판
  모시는사람들의 동의를 받아야 합니다.

이 저서는 2019년 대한민국 교육부와 한국연구재단의 지원을 받아 수행된
연구임(NRF-2019S1A6A3A04058286).